COFFEE QUALITY
PART 2

Flavor Modulation

COFFEE QUALITY
PART 2

초판 1쇄 발행 2018년 11월 5일

지은이	마누엘 디아즈, 복성현, 최소영, 송호석
발행인	복성현
책임편집	송호석
발행처	커피플랜트 아카데미 서울 강남구 강남대로 44길 22 02-529-4601 www.coffeeplant.co.kr
제작	크리페페 컴퍼니
디자인	김지애, 최형일

COFFEE QUALITY PART 2

FOREWORD

커피 시장은 지난 수십 년 간 급속도로 발전해 왔습니다.

커피관련 기술의 발전은 커피의 재배부터 가공까지 다양한 분야에서 진행되어 왔습니다. 현재는 커피의 유전자를 개량하여 보다 나은 플레이버를 지닌 품종을 개발하는 단계에 이르렀습니다. 많은 사람들은 더 좋은 향미를 지닌 커피를 마시기 원하고, 이를 위해 더 높은 가격을 지불하고 커피를 구매하는 것은 물론, 직접 생산국까지 찾아가서 커피를 구매하고 있습니다. 또한 커피 로스팅 머신에 적용된 다양한 센서와 소프트웨어는 커피 아로마를 강화하고, 산도를 높이며 향을 개선하고 맛을 증진시키는 것을 가능하도록 정밀화 되었으며, 이를 활용한 다양한 기술적인 활용이 이뤄지고 있습니다.

하지만, 앞서 설명한 비약적인 발전에도 불구하고 현재 커피 업계에서는 19~20C 중반까지의 선행 연구기록을 따르고 있습니다. 이는 체리에서 한 잔의 커피가 되기까지 커피가 지닌 맛을 개선하고 조절하는 다양한 방법에 대해 이해하고, 이에 대한 보두 구체적인 연구가 동반되어야 했지만, 여러 가지 문제로 인해 실질적인 적용이 되지 못하고 있는 것이 현실입니다.

'고품질 스페셜티 커피'의 맛은 단순히 쓴맛을 없애는 것이 아니라 이를 초콜렛, 향신료, 과일맛 등의 향미 속에 숨겨진 매력적인 쓴맛으로 변형시키는 것이라 생각됩니다. 이 책에서 다뤄진 플레이버 모듈레이션은 커피의 향미를 깨끗하고 조화롭게, 또 매력적인 뉘앙스를 드러낼 수 있도록 향과 맛의 변조를 하는 것입니다.

이는 21C의 커피 향미를 발전시키는 핵심적인 요소가 될 것이라 확신합니다.

한 잔의 특별한 커피가 지니는 향미는 체리의 수확단계부터 최적의 컨디션으로 관리되어야만 하며, 좋은 발효와 적절한 건조기술을 통해 아로마 전구체를 발현시키고, 이를 효과적으로 유지시켜주는 것이 매우 중요합니다. 더 나아가 로스팅과 팩킹, 추출에 이르는 모든 변수를 예측할 수 있는 보다 과학적인 고찰을 통해 더욱 나은 커피의 향미를 발현시킬 수 있도록 하는 것이 미래의 커피 산업의 중심이 될 것입니다.

우리는 이러한 시대적 흐름에 발맞춰 커피의 향과 맛을 연구하고, 그 원인을 고민하며 보다 나은 커피의 향미를 위해 노력해야 할 것입니다. 이러한 고민은 우리가 한 잔의 커피를 위해 로스팅, 브루잉하고 고객에게 제공하는 모든 부분에 대한 새로운 기준을 제시할 수 있도록 만들어줄 것이라 생각합니다.

멕시코시티에서 **마누엘 디아즈**

The way we perceive and integrate sensory perceptions to bring about flavor in our brain is extremely important. Modern food engineering has broken down the main building blocks of flavor: aroma, taste and trigeminal perceptions (sense of temperature, texture, spiciness, etc.).

The flavor of coffee drinks has been evolving rapidly in the last 15 years. We are now modulating coffee flavor through genetic improvement projects (in a bit more than 12 years rather than 20 to 30 years thanks to genomic analysis). Processing methods and technologies have made a huge lip forward in the last decade, making possible certain manipulation of coffee flavor through fermentation and drying techniques. Roasting machines, sensors and software have increased our capabilities to modulate coffee flavor precursors during roasting (how to enhance aroma, improve perceived acidity or promote flavor profiles, i.e. caramel-like, nutty, chocolaty, etc.

Without a deep understanding on how to improve and modulate coffee flavor from the field to the cup, the modern coffee professional is left with very general standards inherited from late XIX to mid-XX century. The secret of high quality coffees is not the

absence of bitter taste but its transformation into good bitter taste related flavors like chocolate, spicy or berry-like notes. In all coffees, taste modulation dynamics (enhancing, masking, modulation of all basic tastes among themselves) is the key to develop the XXI century coffee flavors, not only cleaner and more balanced, but more nuanced, complex and innovative coffee flavors. More aromatic coffees will define the next generation of high quality products, in which aroma precursors were developed, kept and managed carefully through good fermentation and drying techniques, as well as controlled roasting, degassing and packing processes. And lastly, the more we get to understand trigeminal sensations in coffee the closer we are going to be for developing new standards for roasting, brewing and serving coffee.

In Mexicocity **Manuel Diaz**

Coffee Quality part 1의 애독자로 part 2의 발간 소식은 큰 기대감으로 다가왔습니다. 저는 오랜 기간 동안 커피를 마시고, 공부하면서 다양한 산지의 커피에 대한 방대한 향미 스펙트럼에 경외감을 느낍니다. 또한 공부를 하면 할수록 그 미세한 차이에 대한 이유가 궁금했고, 그 답을 찾기 위해 노력해 왔습니다. 아마도 많은 커피인들이 저와 같은 궁금증을 가질 것이라고 생각합니다. Coffee Quality part 2는 우리의 고민과 질문에 답변을 제시해 줄 수 있는 책이라고 생각합니다. 오랜 시간 동안 커피 생산국을 방문하며 쌓은 지식과 최근 트렌드, 각 소비국마다 발견할 수 있는 다양한 관점에서의 커피에 대한 경험을 쌓은 저자들은 그 향미에 대한 답변을 제시하고 있습니다. 이 책의 가장 주요한 줄기는 세계적인 커피 석학 마누엘 디아즈 박사의 연구를 기반으로 하고 있기 때문에, 과학적인 뒷받침과 현실적인 적용에 이르기까지 탄탄한 논리로 답변을 제시하고 있다는 점이 인상적입니다.

또한, 최근 커피 품질을 결정짓는 단계로 인식되고 있는 '발효'에 대한 다양한 현상과 그에 대한 설명 또한 눈에 띕니다. 단순히 모든 책에서 소개되는 가공과정을 나열하는 것에 그치지 않고, 최근 시행되고 있는 트렌드와 주요 중요사항을 짚어내어 소비국의 커피인인 우리들도 생산국의 상황을 짐작할 수 있었습니다.

이 책은 커피를 공부하고 있는 사람이라면, 누구나 한 번 쯤은 읽어보아야 하는 책이 아닐까 생각합니다. 커피의 가공과 향미에 대한 객관적이고, 자세한 설명을 살펴보는 과정을 통해 대학생을 비롯한 모든 커피인들이 조금 더 커피에 대해 이해 할 수 있는 시간이 될 것이라 자신합니다. Coffee Quality part 2 편집에 감수로 참여하면서 더욱 많은 것을 배우고, 느낄 수 있는 시간이었습니다. 커피의 다름을 알고, 그 이유를 이해하며 마시는 한 잔의 커피를 즐기며, 모든 생산국에서 커피를 위해 땀방울 흘리고 있을 모든 농부들에게 박수를 보냅니다.

백석예술대학교 외식산업학부 **서지연** 교수

마누엘 디아즈 박사님의 'Flavor modulation'은 커피의 향미를 이해하는데 필수적인 이론입니다. 그 분의 수업을 들으며 커피의 본질과 향미에 대한 고민을 하다 보니 어느새 커피의 향미가 한 눈에 들어왔습니다. 플레이버 모듈레이션을 바탕으로 서술된 이 책은 커피업계에 종사하고 있는 많은 커피인들 뿐 아니라 커피를 학습하고 있는 커피전공학생 그리고 커피를 배우고 있는 모든 사람들이 한 번쯤은 고민해 보아야할 커피의 품질과 향미에 대해 언급하고 있습니다.

최근 커피의 품질에 결정적인 영향을 미치는 것으로 알려진 '커피의 가공과정'은 날로 세분화되고 있으며, 우리가 이 책을 읽고 있는 현 시점에도 새로운 가공법이 개발되고 있습니다. 이 가공과정 중 발효는 가장 최근 주목받기 시작한 가공과정 중 한 단계로 이 단계에서 조절되는 향과 맛의 성향이 커피의 향미를 결정짓는 매우 중요한 과정입니다.

이러한 흐름은 생산국을 중심으로 최근 소비국에서까지 그 자세한 정보에 관심을 갖고 있는 추세입니다. 이 책에서는 이 과정을 한 눈에 볼 수 있도록 하여, 소비국에서 커피를 공부하고 있는 우리들에게 보다 가깝게 산지의 가공법을 인지할 수 있도록 만들어 줍니다. 또한 커피의 향미를 보다 자세히 들여야 보기 위해 필수적인 과정인 '커핑'에 대해서도 심도 깊이 다루고 있으며, 커피의 향과 맛을 보다 깊이 있게 인지할 수 있도록 하였습니다.

그리고 이 책의 백미라 할 수 있는 플레이버 모듈레이션과 커피 센서리 파트에서는 보다 체계적으로 커피에서 발견되는 맛과 향을 분석하였으며, 이들 간의 상호관계를 밝히는 동시에 보다 심도깊이 커피의 향과 맛을 들여다 볼 수 있도록 하였습니다. 이 책은 가볍게 읽기에는 다소 어려운 내용들을 포함하고 있지만, 커피의 향과 맛을 알고 싶은 모든 커피인들에게 꼭 추천하고 싶은 책입니다.

대구보건대학교 호텔외식산업학부 **김연선** 교수

HOW COFFEE WORKS!

커피의 가공과정

① 체리 수확

커피의 품질은 잘 익은 체리를 수확하는 것부터 시작된다. 검붉은색까지 익은 체리를 손으로 선별수확하는 것이 가장 좋은 품질의 향미를 기대할 수 있다.

Washed processing

Natural processing

② 펄핑

수확된 체리는 바로 발효가 시작되기 때문에 수확 후 24시간 이내에 가공이 시작된다. 가공의 가장 첫 번째 과정은 펄핑으로 체리 겉껍질과 과육을 1차적으로 제거하는 것을 뜻한다.

Dry fermentation 드라이 퍼먼테이션은 점액질이 붙어있는 파치먼트를 공기 중에 방치하여 발효를 진행하는 방식이다. 다소 높은 온도로 인해 빠르게 발효가 진행되는 편이며 호기성 미생물의 활동영향을 많이 받는다. 이 과정은 물 사용이 적어 현재 중미의 대부분의 국가에서는 이 방법으로 발효를 진행한다.

※ 현재 커피의 가공과정에서 발효가 커피품질의 가장 중요한 변수로 여겨지고 있어 다양한 연구가 진행되고 있다. 또한, 물의 사용량을 줄이기 위한 목적도 있다.

③ 발효

커피의 발효는 미생물을 활용하여 파치먼트에 붙어있는 점액질을 제거하는 과정으로 온도, 시간, 수분, 미생물의 종류 등 다양한 변수에 의해 서로 다른 향미를 발현된다. 가공을 진행하는 사람은 자신이 가공을 진행하는 상황에 맞는 온도와 시간을 설정하여야 하며, 필요에 따라 특정 미생물을 주입하는 경우도 존재한다.

Wet fermentation 점액질이 붙어있는 파치먼트를 물에 완전히 잠기도록 한 상태에서 발효를 진행하는 방법으로, Dry에 비해 낮은 온도에서 오랫동안 발효가 진행된다. 공기가 차단된 상태에서 진행되며, 혐기성 미생물의 영향을 많이 받는다. 단, 물 사용이 많아 물이 부족한 환경에서는 진행될 수 없으며, 현재는 에티오피아 정도에서만 이 방법으로 발효를 진행한다.

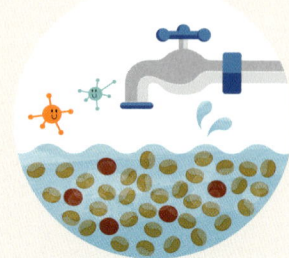

❺ 건조

세척이 완료된 파치먼트는 햇볕 혹은 그늘에서 건조된다. 건조는 생두의 최종 수분율을 조정하여 미생물의 활동을 방지하고, 원하는 향미를 결정짓는 매우 중요한 단계이다. 그렇기 때문에 커피를 가공하는 사람은 일정한 수분율이 완성되기 까지 매우 자주 파치먼트를 뒤집어 주며, 비 혹은 서리를 맞는 일이 없도록 세심한 관리가 필요하다. 최근의 건조방식은 일정 수분율까지는 자연스레 건조를 하지만, 최종적으로 ISO에서 규정된 수분율인 10~12%로 조정하기 위해 기계식 건조기에 넣고 건조를 마무리 하는 경우가 많다.

❻ 탈곡

❹ 세척

발효를 마친 파치먼트를 물로 깨끗이 세척한다. 이 과정에서는 파치먼트에 남아있는 발효된 점액질과 잔여 미생물을 완전히 제거하는 것으로 워시드 기피의 향미를 완성하는 중요한 단계라 볼 수 있다.

Contents

01. Coffee processing Trend   16

1. 발효   18

2. 커피 가공에서의 임계점 및 품질기준   20
  1) 커피 체리의 생화학적 성분   22
  2) 커피 펄프의 생화학 성분   22
  3) 점액질에 포함된 생화학 성분   23
  4) 생두의 화학적 성분   23

3. 커피 가공과정에서의 발효(18개)   24
  1) In-cherry fermentation semi-washed coffee   24
  2) Dry fermentation washed coffee   26
  3) In-cherry and dry double fermentation washed coffee   27
  4) Semi-wet(dry and wet) double fermentation washed coffee   29
  5) Triple fermentation washed coffee   30
  6) Full wet fermentation washed coffee   31
  7) Full wet-yeast fermentation with coffee plulp-juice, molasses and bread yeast(pH 4.5)   33
  8) White honey   37
  9) Yellow honey   38
  10) Fast dried red honey   39
  11) Drained red honey   40
  12) Honeyed fermented black honey   41
  13) Overripe cherry black honey   42
  14) Slow drying traditional natural   43
  15) Honeyed natural   45
  16) Wooden barrel honey natural   46
  17) Rinsed honeyed natural   47
  18) Yeast fermentation natural   49

02. Cupping   52

1. 커핑이란?   54

2. 커핑의 목적   54

3. 커핑 방식   55
  1) 커핑에 필요한 장비   55
  2) 커핑 준비   55

4. 커핑 평가   57

5. 커핑 평가 방법   57
  1) 평가절차   58
  2) 항목별 평가   60

6. 생두의 결점두   67

03. Flavor   74

1. 아로마에 의한 향미의 조정   77

2. 맛과 향미	78	4) 초산	94
1) 맛의 역치	79	5) 젖산	95
2) 단맛	81	6) 인산	95
3) 짠맛	81	7) 브루잉 커피에 함유된 유기산	95
4) 신맛	82	8) 유기산의 무게	97
5) 쓴맛	82	9) 유기산에 의한 단맛의 변조	97
6) 감칠맛	83	10) 유기산에 의한 향미 변조	98
3. Taste dynamics	84	3. 맛 표현의 역학	100
4. Taste modulation dynamic	86	**05. Flavor modulation**	**106**
1) 산과 다양한 맛의 관계성	86	1. 커피 가공방식에 따른 맛의 변조	108
2) 단맛과 쓴맛 그리고 짠맛	87	2. 가공방식을 통한 커피 맛의 조절	109
3) 짠맛과 쓴맛	87	1) 커피 가공과정에서의 생화학적 변화	109
4) 바디감/아로마	87	2) Fruity character	110
5) 지방맛(Oily)	88	3) Mild character: citric/nutty flavor profile	111
		4) Spicy Character	112
04. Coffee sensory	**90**	3. 커피의 가공에 따른 아로마와 플레이버 패턴	113
1. Sensory analysis	92	4. 쓴맛은 커피의 플레이버 프로필을 이해하는 열쇠	114
1) 판별평가	92		
2) 관능평가의 각 요소	92	**Pictorial** 화보	**116**
2. 유기산(Organic Acid)	93	(커피와 사람들)	
1) 클로로겐산	93		
2) 구연산	94		
3) 사과산	94		

Part 01

COFFEE PROCESSING TREND

1. 발효

2. 커피 가공에서의 임계점 및 품질기준

3. 커피 가공과정에서의 발효

COFFEE QUALITY
PART 2
PROCESSING TREND

1. 발효(Fermentation)

수확된 체리는 생두가 되기까지 몇 단계의 과정을 거친다. 우리가 커피체리에서 얻고자 하는 부분은 씨앗부분이기 때문에, 체리로부터 씨앗을 분리해 내며, 이 과정에서 다양한 변수에 의해 커피의 향미가 완성되는데 우리는 이 과정을 '가공(Processing)'이라 부른다. 커피체리는 아래의 과정순으로 처리된다.

이 과정은 겉으로 보기에는 비교적 단순한 과정이지만 사실 산지에서 이뤄지는 커피의 가공은 우리가 알고 있는 것보다 복잡하고 다양하다. 또한, 최근의 다양한 가공법에 대한 연구로 인해 점차 세분화되고 있다. 그리고 이러한 과정 중 특히 발효 단계에서 발생하는 다양한 현상이 최종적인 커피 향미에 큰 영향을 끼치는 것으로 알려지고 있다.

2018년 현재 다양한 발효법이 커피생산국에서 시도되고 있다. 게이샤로 유명한 파나마 에스메랄다 농장(Panama La Esmeralda)에서 2016년 출시된 '탄소 발효(Carbonic maceration) 게이샤'에 이어 올해 옥션서에는 별도의 효모(Yeast)를 첨가한 방식의 게이샤를 선보였다. 또한, 2018 월드바리스타챔피언십(World Barista Championship, 이하 WBC)의 최초 여성 챔피언인 폴란드의 아니에스카 로에브스카(Agnieszka Rojewska)도 탄소발효를 거친 에티오피아 커피를 사용하여 1위에 이름을 올렸다.

이처럼 최근의 커피는 앞서 언급한 탄소발효, 이스트첨가 발효 등 다양한 발효법이 대두되고 있으며, Coffee quality part 2의 큰 주제인 'Flavor modulation'에 대해 살펴보기 위해서는 발효가 커피의 향미에 미치는 영향에 대해 먼저 살펴보고자 한다.

Hot Trend _ 카보닉 메서레이션(Carbonic Maceration) 이란?

2015년 월드 바리스타 챔피언십의 우승자인 호주의 사샤 세스틱에 의해 화제가 된 가공방식이다. 카보닉 메서레이션, 즉 탄소발효는 원래 와인을 만들 때 사용하던 방식이다. 으깬 포도에 효모를 첨가한 후 그 과정에서 발생하는 알코올 발효를 통해 당을 에탄올화 시키는 것이 일반적인 와인의 발효 방식이라면, 탄소발효는 포도를 으깨지 않고 송이 째 발효하는 것이 차이점이라 할 수 있다. 포도를 송이 째 담고 밀봉한 뒤 산소 제거를 위해 이산화탄소를 주입하면 포도 속에서는 세포 내 발효라는 과정이 일어난다. 이 방식으로 발효를 하면 껍질에서 나오는 탄닌이 거의 나오지 않아 부드럽고 과일 풍미가 좋은 레드 와인을 만들 수 있다고 한다. 보졸레누보 같은 어린 포도로 만들어지는 와인 제조 시 자주 사용되는 방식이다.

탄소 발효의 핵심은 발효 과정에서 인위적인 온도제어가 가능하다는 점이다. 전통 방식의 커피 발효과정은 대부분은 오픈된 야외 환경에서 진행되기 때문에 외부 환경과 온도변화의 영향을 많이 받는다. 들쑥날쑥한 온도 변화로 인해 과발효가 발생하고, 그 결과로 날카롭고 식초 같은 산미와 금속 같은 쨍한 느낌이 생성되는 것이다. 그래서 사샤는 와인의 탄소 발효 방식이 온도와 습도 제어가 가능하다는 점에 집중했고, 그것을 커피의 발효에도 접목시켰다. 스테인리스 사일로에 과육이 제거된 파치먼트를 넣고 밀폐한 후 이산화탄소를 주입하면서 산소를 제거했고, 파치먼트에 잔존한 점액질의 당의 분해 속도를 늦춤으로서 단맛의 소실을 방지하면서 적당한 산미를 가진 커피를 만들게 되었다. 그는 이 방식으로 발효한 수단 루메 품종의 커피로 2015년 WBC 우승을 차지했다.

2. 커피 가공에서의 임계점 및 품질기준

아래 제시된 표는 커피 가공에서 각 단계별 임계점과 품질과정을 정리하였다.

중요관리점	지표	기준		
체리 수령	사이즈, 밀도(당 함량), 품종의 균일성	~95%		
	체리의 결점: 녹색(green), 미성숙두(unripe greenish, unripe reddish), 과성숙두(overripe), 덜건조된(semidry), insect damage, 등등	≤5-8% (≤2-3% unripe)		
플로터 (floater) 분류	플로터(Floater): 무게가 가벼운(light weight cherries); severe insect damage; overripe, semi-dry, and dieback(잎마름병) cherries	94%heavy cherries ≤6floating cherries		
과육제거 (pulping)	심한 기계적 손상: cut, broken, smashed	≤0.5%		
	가벼운 기계적 손상: broken, cut, and perpendicular cuts in the parchment only	≤1.5%		
	흠집이 있는 콩	≤1.0		
	기형두(underdeveloped, dead, genetic malformations)	≤4.0		
	펄핑이 되지 않은 체리	≤0.5		
과육제거 (pulping)	husks(체리의 겉껍질)	≤0.1		
	버려진 체리	≤0.5		
Sieving (체로 거르기)	잔존 과육들	≤99.9%		
	펄프가 벗겨지지 않은 체리들	≤99.5		
발효 (Fermentation)	플로터와 불순물들 (Floaters and floating impurities)	96% heavy pulped beans ≤1% floating pulped beans		
	Bean mass color homogeneity (clean, even repeness)	~95% (absence of non-pulped cherries, husks or foreign matter)		
	흠집이 생긴 과육제거 콩들	≤4% malformed pulped beans (underdeveloped, genetic malformations)		
	Pulped bean or cherry ripeness	90% even(fully ripe of target ripeness) ≤5.0% greenish unripe ≤5.0% dark overripe		
	품질을 위한 발효 조절 Control of fermentation time for cup quality		Lowlands	Highlands
		Dry	~14-16h	~24-32h
	발효 온도 조절 Control of fermentation temperatures		Pulped beans	Cherries

중요관리점	지표	기준		
발효 (Fermentation)	발효 온도 조절 Control of fermentation temperatures	Optimal	~10 to 17℃	~15 to 20℃
		Good	~18 to 21℃	~21 to 28℃
		Ptable	~22 to 25℃	~29 to 35℃
		Ceptable	﹥25℃	﹥35℃
	적정 수소이온농도 조절 Control of target pH(starting at 6.0 to 6.5)	Optimal for washed: ~4.0pH(3.8-4.0)		
		Optimal for natural: ~4.5pH(4.0-5.0)		
	당 농도의 조절 Control of final sugar concentration	Optimal for washed: ~55% to 45% of initial brix		
		Optimal for natural: ~50% to 40% of initial brix		
	아로마 패턴 조절 Control of target aroma patterns	Optimal for washed: n.a (from apple cider, peach, florals to winey, tamarind, spicy)		
		Optimal for natural: n.a (from sugar molasses, tamarind and raisins to banana skin, red wine, spicy)		
세척 Washing	균일성 Homegeneity (color, aspect)	~95%		
	심한 기계적 손상 (cut, broken, smashed)	≤0.5		
	가벼운 기계적 손상 (broken, spilt and perpendicular cuts in the parchment only)	≤1.5%		
	점액질 제거 정도	Optimal for washed: 95-99%		
	물과의 접촉 시간	≤ 2h		
Drying	온도 조절 Control of Temperature	a heat engine: 50-70℃		

---

* Dieback (잎마름병)

1) 커피 체리의 생화학적 성분[1]

	Composition (% dry weight)											
	Dry matter	Protein	Crude fiber	Ash	Nitrogen (extractable fiber)	Tannins	Total peptic substances	Reduced sugars	non-reduced sugars	Caffeine	Chlorogenic acid	Cellulose
Pulp	29.0	10.0	21.0	8.0	44.0	1.8~8.6	6.5	12.4	2.0	1.3	2.6	27.7
Mucilage	5.0	8.9	18.0	0.7	35.8	0	35.8	30.0	20.0	0	--	17.0
Bean	81.0	7.5	19.0	5~6.0	1.2~8.0	7.7	0.88	0.05~020	8.0	0.73	6~7.0	19.4

2) 커피 펄프의 생화학 성분[2]

Biochemical compound	%/DM
Reduced sugars	12.4
Glucose, sacarose y Fructose(4.2%)	4.7
Non-reduced sugars	2.0
Peptic substances	6.5
Tannins	2.6
Chlorogenic acid	2.6
Caffeine	1.3

*Source: Bressani et al(1972)

---

1 Fuente: Cristina Ferreira S. "Microbial Activity during Coffee Fermentation" Adaptado por la autora de Elías, L. 1979. Coffee Pulp. Composition, Technology, and Utilization. Ottawa, Canada. pp. 11 - 16; Knopp, S., Bytof, G., and Selmar, D. 2006. European Food Research and Technology, 223:195 - 201; Joët, T. et al. 2010. Food Chemistry, 118:693 - 701; De Maria, C. A. B. et al. 1996. Food Chemistry, 55:203 - 207; Oliveira et al.(2006). En Rosane Shwan and Graham Fleet, eds. Cocoa and coffee fermentations, 2015.

2 상위 도표는 품종과 완숙도 그리고 작물의 관리에 따라 달라질 수 있다.

3) 점액질에 포함된 생화학 성분[3]

	%/MS[ab]	%/MH[b]	%/MS[ac]	%/MH[c]
Moisture	–	–	–	85.0
Peptic substances	33.0	5.0	17.0	2.6
Glucides	50.0	7.5	47.0	7.0
Cellulose, condres, etc.	17.0	2.5	–	–
Azote	–	–	1.0	0.15
Organic acids	–	–	0.5	0.08

[a] Balores obtenidos considerando una tasa de gumedad del mucilago de 85%
[b] Tomado de Picado(1934)
[c] Tomado de Menchù y Rolz(1973)

4) 생두의 화학적 성분[4]

Chemical compound	%/DM[a]
Glucides	~60.0
Polisaccharides[b]	
Cellulose	5.0
Lipids	12.0
Chlorogenic Acid	7.0
Trigoneline	1.0
Caffeine	1.0
Organic Acids(citric, acetic, quinic, lactic, etc.)	
Poliphenols[c]	

[a] Source: Guyot et al(1985); and Rinantonio(1993)
[b] Estàn constituidos por una fracciòn insoluble: (1→4)-β-D-mannane y otra solubel: arabinogalactanes
[c] La polifenoloxidasa del grano se mantendrà activa durante la fermentaciòn y aportarà calidad en taza

3 상위 도표는 품종과 완숙도 그리고 작물의 관리에 따라 달라질 수 있다.

4 상위 도표는 품종과 완숙도 그리고 작물의 관리에 따라 달라질 수 있다.

3. 커피 가공과정에서의 발효(18개)

앞서 제시된 표에서 살펴볼 수 있듯이 커피 체리의 가공에서 발효 단계는 커피의 향미를 결정 짓는 주요한 포인트이다. 때문에 우리는 발효에 대해 좀 더 세분화 하여 구분해 볼 필요가 있다. 세계적인 커피 학자 마누엘 디아즈(Manuel Diaz)는 커피의 발효에 따른 가공 단계를 18개로 세분화하고 있다.

1) In-cherry fermentation semi-washed coffee

❶ Float cherries
- 물에 뜨는 체리와 이물질을 모두 제거한다.
- 체리들을 씻어준다.(rinse)

❷ Fermentation in cherry
   a. 체리를 원하는 Flavor가 발현될 때까지 발효시킨다.(3일~5일)
- 발효 탱크나 포대(bag) 또는 두꺼운 두께로 쌓아서 발효한다.
- 마일드 한 플레이버를 원할 때 : 짧은 발효(12~24시간)
- 플루티하고 와이니한 플레이버를 원할 때 : 긴 발효(36~72시간 혹은 그 이상)

   b. 체리 내부의 발효 조절
- 온도 조절 : 40℃ 이하

- 산소 노출 조절 : 산소가 발효 탱크에 닿는 것을 가능한 피한다.
- 파리나 기타 곤충들이 산란하는 것을 막는다.(체리 온도가 올라가므로)
- 온도 조절을 위해 8시간 마다 뒤집어준다.

c. 적시에 발효 끝내기
- 마일드 커피는 pH가 6.5에서 5.0 정도 되었을 때
- 프루티한 커피는 pH가 4.5 정도일 때

d. 디펙트 제거
- 플로터(Floater)와 인섹트 데미지(Insect damage) 빈 제거

e. 단시간 동안 드라이 발효 진행(무산소 상태)

f. 드라이 발효를 적시에 끝내기
- pH가 5.0에서 4.5 혹은 4.0으로 내려갈 때
- 당도가 50% → 40%로 다운됨.
- 아로마 : 와이니(화이트 와인) 혹은 애플 사이다에서 사과, 복숭아 또는 꽃향기, 향신료, 타마린, 바나나 껍질

❸ Pulping and demucilaging
- 과육제거, 껍질이 벗겨지지 않은 과육이나 껍데기(husk)도 제거
- 기계를 이용하기도 함.(mechanical removal)
- 부드럽게 저으면서 점액질이 더 제거되도록 한다.

❹ Washing

❺ Drying
a. 파치먼트는 되도록 얇게 펴주고 자주 뒤집어준다.
b. 가능한 낮은 온도를 유지하여, 건조가 지나치게 빠르게 되는 것을 방지한다.

2) Dry fermentation washed coffee

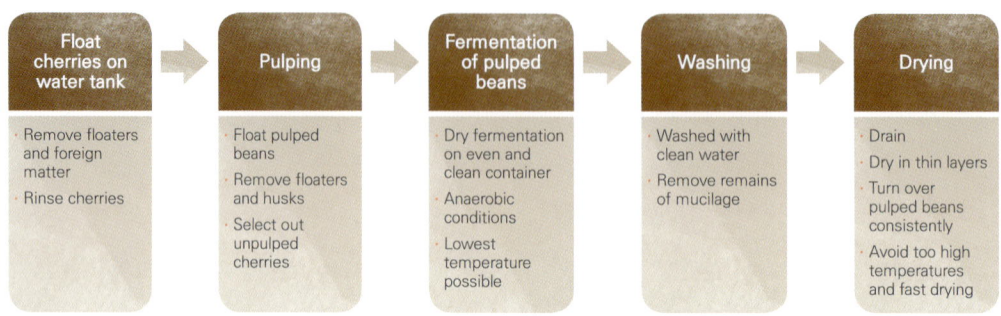

❶ Float cherries on water tank
- 플로터와 이물질 제거
- 체리 세척

❷ 펄핑(Pulping)

❸ Fermentation of pulped beans
a. 과육이 제거된 콩을 평평하게 펴준다.(무산소 발효를 촉진하기 위해)
b. 온도조절 : 온도를 가능한 낮게 하는 것이 좋다.
c. 발효를 제때 끝낸다.
- pH : 6.5에서 4.2~4.5가 될 때
- 당도 : 50 → 40 %
- 아로마 : 와이니(레드와인), 애플사이다, 사과, 복숭아, 꽃향기, 향신료, 타마린, 바나나 껍질

❹ Washing
a. 부드럽게 저으면서 점액질을 더 제거함
b. 디펙트 제거
- 플로터와 인섹트 데미지 제거

❺ Drying
a. 파치먼트는 되도록 얇게 펴주고 자주 뒤집어준다.
b. 가능한 낮은 온도를 유지하여, 건조가 지나치게 빠르게 되는 것을 방지한다.

- 21℃에서 pH 4.85
- 허브, 옅은 아세톤, 달콤한 나무같은 느낌
- 점액질은 거의 분리되었음

펄핑 후 18시간 동안 드라이 퍼멘테이션을 거친 파치먼트: pH4.8

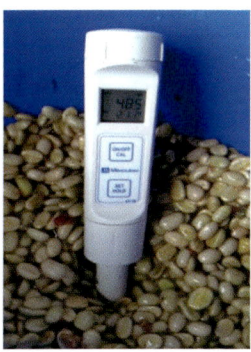

상태체크

3) In-cherry and dry double fermentation washed coffee

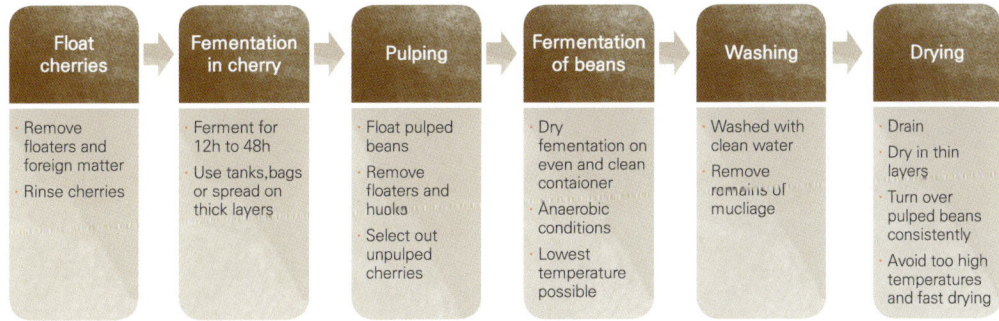

❶ Float cherries
- 플로터와 이물질 제거
- 체리 세척

❷ Fermentation in cherry
   a. 원하는 시간만큼 체리 발효
- 마일드 한 플레이버를 위해서는 짧은 발효(12~24시간)

· 플루티하고 와이니한 플레이버를 위해서는 긴 발효(36~72시간)

b. 40℃ 이하의 온도로 체리 발효 온도 유지

c. 적시에 체리 발효 끝내기

· pH가 6.5에서 4.5~5까지 떨어졌을 때

❸ Pulping

❹ Fermentation of beans

a. 무산소 조건에서 단시간 마른 상태로 발효(no washing)

b. 가능한 낮은 온도로

c. 마른 상태의 발효를 적시에 끝내기

· pH : 5.0에서 4~4.5로 떨어졌을 때

· 당도 : 50 → 40%

· 아로마 : 와이니(화이트와인)에서 애플사이다, 사과, 복숭아, 꽃향기, 향신료, 타마린, 바나나 껍질

❺ Washing

· 세척, 디펙트 제거

❻ Drying

a. 파치먼트는 되도록 얇게 펴주고 자주 뒤집어준다.

b. 가능한 낮은 온도를 유지하여, 건조가 지나치게 빠르게 되는 것을 방지한다.

4) Semi-wet(dry and wet) double fermentation washed coffee

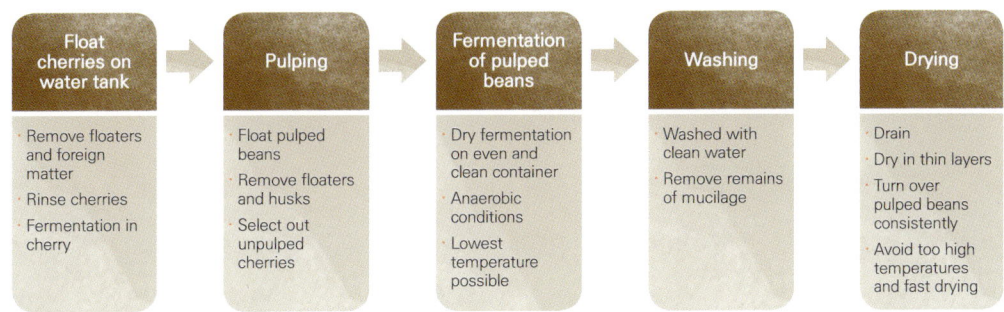

❶ Float cherries on water tank
- 플로터와 이물질 제거
- 체리 세척
- 체리 채로 발효 준비

❷ Pulping

❸ Fermentation of pulped beans
a. 과육제거 후 드라이 발효 시작(무산소 환경)

b. 알코올 발효 단계에서 드라이 발효 종료
- 이산화탄소 기포 형성시
- pH : 6.5에서 4.8~5.0으로 떨어졌을 때
- 당도 : 60 → 50%
- 아로마 : 와이니(화이트), 알코올, 약한 허브향

c. 차가운 물을 섞어주어 wet 발효 단계 시작

d. 적시에 wet 발효 끝내기
- pH : 4.8 → 4.0
- 당도 : 50 → 40%
- 아로마 : 와이니(레드)에서 애플사이다, 사과, 복숭아, 꽃향기, 향신료, 타마린, 바나나껍질

❹ Washing
- 잘 저어주면서 점액질 완벽 제거
- 플로터 빈과 인섹트 데미지 빈 제거

❺ Drying
  a. 파치먼트는 되도록 얇게 펴주고 자주 뒤집어준다.
  b. 가능한 낮은 온도를 유지하여, 건조가 지나치게 빠르게 되는 것을 방지한다.

5) Triple fermentation washed coffee

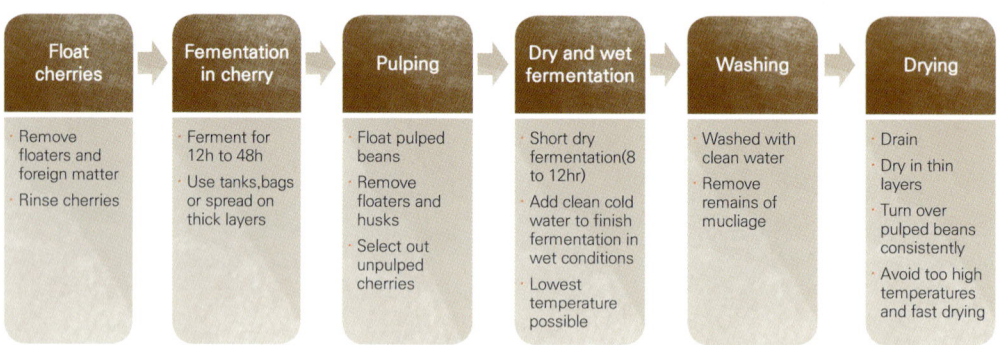

❶ Float cherries
  · 플로터와 이물질 제거
  · 체리 세척

❷ Fermentation in cherry
  · 체리 상태로 짧은 시간 동안 발효
  · 12~24시간, pH : 6.5 → 6.0

❸ Pulping

❹ Dry and wet fermentation
  a. 과육제거 후 드라이발효(8~12시간)
  b. 알코올 발효 단계에서 드라이 발효 끝내기
  · 이산화 탄소 거품 형성
  · pH : 6.5 → 4.8~5.0
  · 아로마 : 와이니(화이트), 알코올, 약한 허브

c. 차가운 물을 섞으면서 짧은 시간 wet 발효

d. wet 발효 끝내기
- pH : 4.8 → 4.0 혹은 더 낮게
- 당도 : 50 → 40%
- 아로마 : 플로랄, 와이니(화이트), 타마린, 말린 바나나 껍질, 스파이시

❺ Washing
- 잘 저으며 점액질 완벽하게 제거
- 디펙트 제거(플로터, 인섹트)

❻ Drying

a. 파치먼트는 되도록 얇게 펴주고 자주 뒤집어준다.

b. 가능한 낮은 온도를 유지하여, 건조가 지나치게 빠르게 되는 것을 방지한다.

6) Full wet fermentation washed coffee

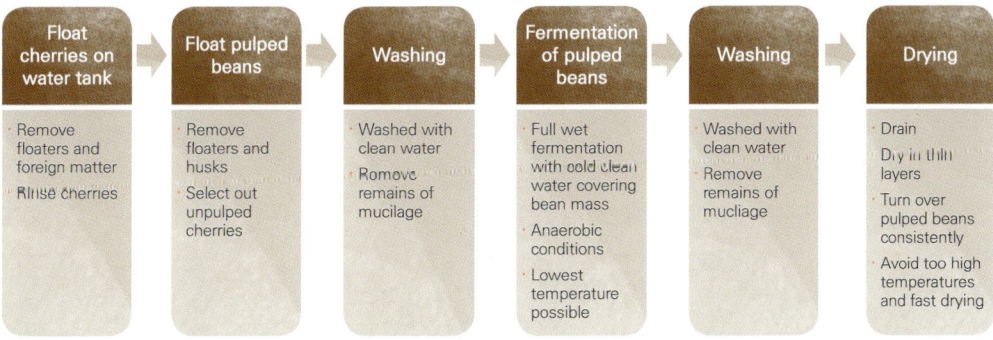

❶ Float cherries on water tank

❷ Float pulped beans

❸ Pulping

❹ Fermentation of pulped beans

a. 과육제거 후 차가운 물을 섞어가며 wet 발효 시작

b. 최적화를 위한 대안
- pH를 4.5 정도로 낮추기 위해 인산(Phosphoric) 사용
- 포름산 사용(Formic acid) : 젖산발효 촉진, 부티르산 방지, 발효시간 단축, 온도 낮추기

d. 가능한 낮은 온도에서 미생물 활동성 늘리기

e. 적정 시간에 wet 발효 끝내기
- pH : 4.5~4.8 → 4.0
- 당도 : 50 → 40%
- 아로마 : 꽃향기, 와이니(화이트), 타마린, 말린 바나나 껍질, 향신료

❺ Washing
- 잘 저어주면서 점액질 완전히 제거
- 디펙트 제거(플로터, 인섹트 데미지)

❻ Drying
a. 파치먼트는 되도록 얇게 펴주고 자주 뒤집어준다.

b. 가능한 낮은 온도를 유지하여, 건조가 지나치게 빠르게 되는 것을 방지한다.

full wet-ferment 가 진행중인 파치먼트
(18시간 경과, pH4.8, 알콜발효단계)

wet fermentation 가 끝난 모카(Moka)
품종의 커피

7) Full wet-yeast fermentation with coffee pulp-juice, molasses and bread yeast(pH 4.5)

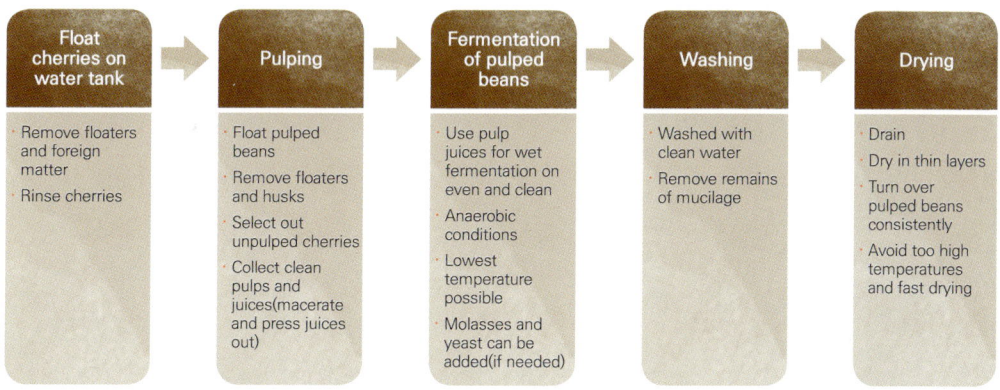

❶ Float cherries on water tank

❷ Pulping

    a. 과육을 제거한 후 과즙을 따로 모은다.

- 깨끗한 펄프들을 물에 불린다.
- 펄프에서 과즙이 나오도록 으깬다.
- 옵션 : 미생물 또는 당밀을 첨가

❸ Fermentation of pulped beans

    a. 과즙을 첨가하여 wet 발효를 시작한다.(과즙은 콩을 충분히 덮을 만큼만)

- 옵션 : pH를 4.5 정도로 낮춤(인산 사용)
- 포름산 사용 : 젖산 발효 촉진, 부트르산 발효 방지, 발효시간 단축, 온도 낮춤

    b. 균일한 온도가 유지되도록 발효 탱크 덮어주기

    c. 적정시간에 wet 발효 끝내기

- pH : 6.0 → 4.0
- 당도 : 50 → 40%
- 아로마 : 플로랄, 와이니(화이트), 타마린, 말린 바나나 껍질, 향신료

❹ Washing

- 저어주면서 점액질 완전 제거

· 디펙트 제거(플로터, 인섹트)

❺ Drying

a. 파치먼트는 되도록 얇게 펴주고 자주 뒤집어준다.
b. 가능한 낮은 온도를 유지하여, 건조가 지나치게 빠르게 되는 것을 방지한다.

옐로우 카투라 펄프 과즙과 당밀을 섞은 wet-yeast 발효

COFFEE QUALITY
PART 2
PROCESSING TREND

펄프 과즙과 당밀, 천연 이스트로 발효한 wet-yeast fermentation

펄프 과즙만 넣은 wet-yeast 발효 (72시간, pH4.2)

8) White honey

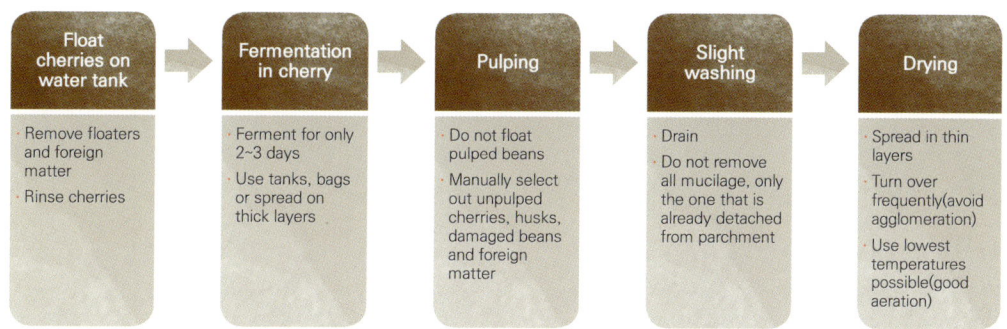

❶ Float cherries on water tank

❷ Fermentation in cherry
    a. 체리 상태로 짧은 시간 발효(12~24시간)

❸ Pulping

❹ Slight Washing
    a. 점액질이 붙어있는 파치먼트를 2~4시간 정도 물속에 담근 후 덩어리 채로 꺼낸다.
    b. 적정 시간에 발효를 끝낸다.
- pH : 5.5~6.0 → 4.8 또는 조금 더 낮게
- 당도 : 60 → 50%
- 아로마 : 와이니(화이트)에서 애플사이다, 향신료, 약한 허브

    c. 점액질을 모두 제거하지 않는다.
- 점액질이 약간 붙어있는 노란빛의 파치먼트 상태

    d. 적당한 양의 물로 최대한 빨리 세척
    e. 디펙트 제거(플로터, 인섹트)

❺ Drying
    a. 파치먼트는 되도록 얇게 펴주고 자주 뒤집어준다.
    b. 가능한 낮은 온도를 유지하여, 건조가 지나치게 빠르게 되는 것을 방지한다.

9) Yellow honey

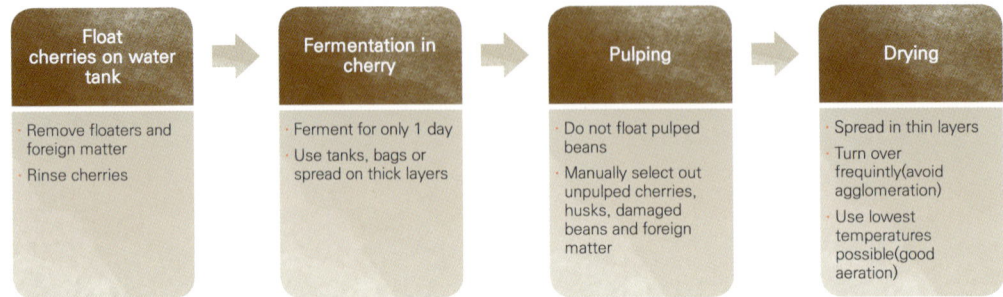

❶ Float cherries on water tank

❷ Fermentation in cherry
- 12~24시간 동안 체리 그대로 건조(비교적 짧은 시간)

❸ Pulping

❹ Drying
 a. 적당한 속도로 건조(빠르지않게)

 b. 콩을 하루에 3~4번 뒤집어 준다.
- 열이 쌓이지 않도록
- 덩어리가 지거나 곰팡이가 생성되는 것 방지

 c. 적당한 속도로 건조될 수 있도록 발효를 끝낸다.
- pH : 5.5~6.0 → 4.8
- 당도 : 60 → 50%
- 아로마 : 와이니(화이트) 또는 애플사이다, 향신료, 타마린
- 소량의 점액질이 붙어있는 노란색 파치먼트 상태

❺ Drying
 a. 수분량이 35% 정도 될 때까지 천천히 건조
 b. 배출한 콩은 얇은 두께로 펼쳐서 건조
 c. 자주 뒤집어주어 온도 상승으로 인한 빠른 건조 방지

카티모르 옐로우 허니

10) Fast dried red honey

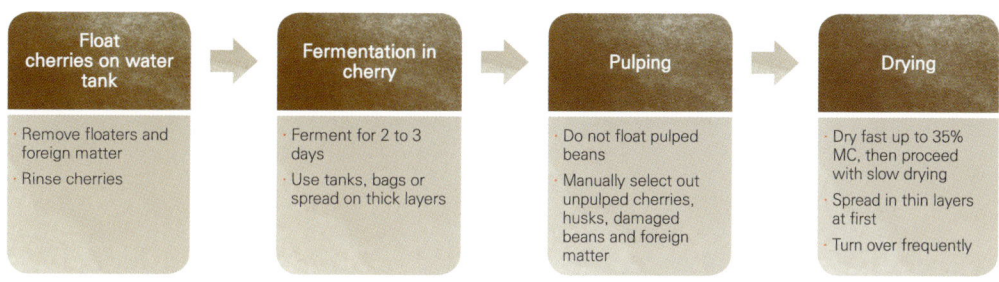

❶ Float cherries on water tank

❷ Fermentation in cherry
- 체리 상태로 2~3일 정도 건조(체리 색이 검 붉은색이 될 때까지)

❸ Pulping

❹ Drying

  a. 수분율이 35%가 되도록 빠르게 건조
  - 콩이 공기에 잘 노출되도록 자주 뒤집어 준다.
    (덩어리져서 곰팡이가 생성되는 것을 방지)

  b. 수분율 35% 단계부터는 파치먼트가 쉽게 분리되도록 천천히 건조
  - 밤 동안은 플라스틱백에 넣어뒀다가 아침이 되면 펼치는 것을 반복
  - 응달과 양달 건조를 반복적으로 교차

  c. 목표 상태
  - pH : 5.5~6.0에서 3.8 이나 살짝 아래로
  - 당도 50 → 40%
  - 아로마 강한 과일향, 화이트와인, 애플사이다, 향신료, 타마린, 말린 바나나 껍질
  - 대부분의 점액질이 파치먼트에 붙어있기 때문에 붉은 빛을 띤다.

카티모르 레드 허니

11) Drained red honey

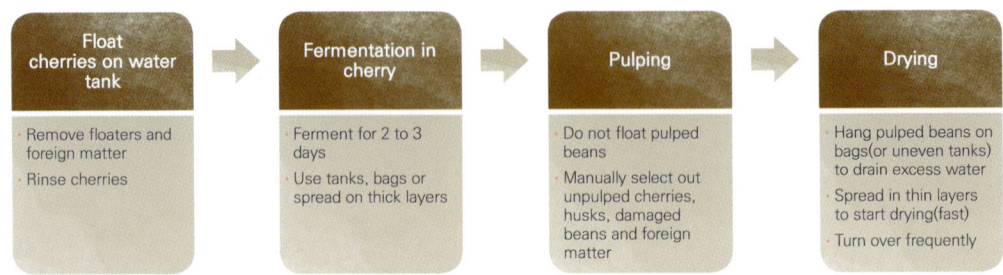

❶ **Float cherries on water tank**

❷ **Fermentation in cherry**
- 체리 상태로 48시간 정도 발효(길게는 3일까지)

❸ **Pulping**

❹ **Drying**

   a. 배출(Drain)
- 쉬운 배출이 가능하도록 백을 매달아두거나 발효 탱크에 기울여둔다.

   b. 35% 정도의 수분율이 될 때까지 빠르게 건조(8~12시간)
- 콩을 자주 뒤집어준다.
    (덩어리져서 곰팡이 생성되는 것 방지)

   c. 35% 수분율에 도달되면 파치먼트가 쉽게 분리되도록 천천히 건조
- 밤 동안은 플라스틱백에 넣어뒀다가 아침이 되면 펼쳐주는 것을 반복

   d. 목표상태
- pH : 5.5~6.0 → 3.8 혹은 그 이하
- 당도 : 50 → 40%
- 아로마 : 강한 과일 향, 화이트와인, 애플사이다, 향신료, 타마린, 말린 바나나 껍질
- 대부분의 점액질이 파치먼트에 붙어 붉은 빛깔을 띤다.

Drained red honey

12) Honeyed fermented black honey

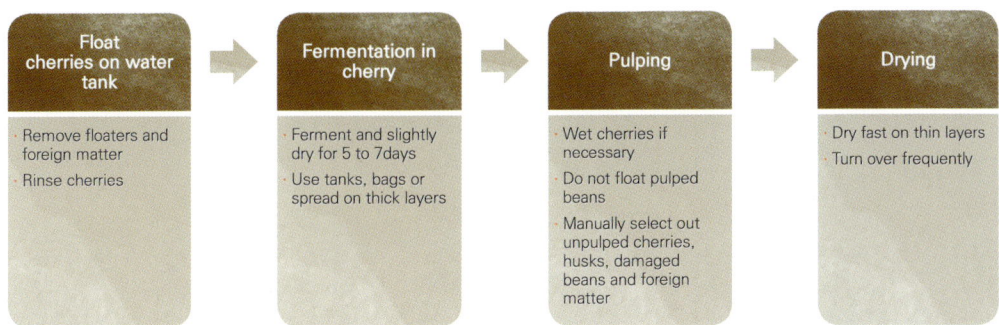

❶ Float cherries on water tank

❷ Fermentation in cherry

   a. 체리 상태로 장시간 발효 : 5~7일(과즙이 체리 밖으로 다 빠져나오고, 수산화가 진행될 때까지)

❸ Pulping

❹ Drying

   a. 수분율 35%가 될 때까지 빠르게 건조(콩이 쉽게 분리되도록)
- 자주 뒤집어준다.
  (덩어리져서 곰팡이 생성되는것을 방지)

   b. 35% 수분율에 도달하면 콩이 쉽게 분리되도록 천천히 건조
- 밤 동안은 플라스틱백에 넣었다가 아침에 펼치는 것을 반복
- 양달과 응달건조를 반복

   c. 목표상태
- pH : 5.5~6.0 → 3.8 혹은 그 이하
- 당도 : 50 → 40%
- 점액질이 대부분 파치먼트에 붙어있는 검붉은색 혹은 갈색 파치먼트

Honeyed fermented black honey

13) Overripe cherry black honey

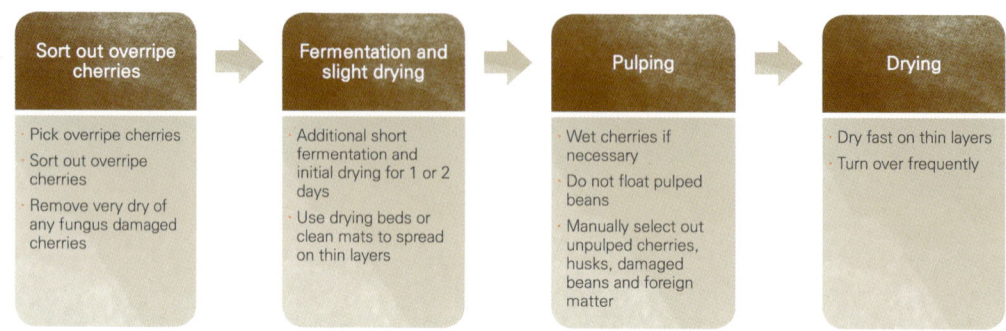

❶ Sort out overripe cherries
- 난숙 체리만 수확(진한 보랏빛 혹은 부분적으로 짙은 갈색)

❷ Fermentation and slight drying
- 난숙이 다 되지 않은 체리는 1~2일 정도 짧게 추가 발효
  (과즙이 다 빠져나오고 체리가 탈수가 될 때까지)

❸ Pulping

❹ Drying

  a. 수분율 35%에 이르도록 빠른 건조(콩이 쉽게 분리되도록)
  - 자주 뒤집어 준다.
    (덩어리져서 곰팡이가 생성되는 것 방지)

  b. 35%에 도달하면 콩이 쉽게 분리되도록 천천히 건조
  - 밤 동안은 플라스틱백에 넣었다가 아침에는 펼쳐주는 것을 반복
  - 양달과 응달 건조를 반복

  c. 목표 상태
  - pH : 5.5~6.0 → 3.8 혹은 그 이하
  - 당도 : 50 → 40%
  - 아로마 : 강한 과일향, 화이트와인, 애플사이다,
             향신료, 타마린
  - 점액질 대부분이 파치먼트에 붙어있는 검붉은 색 혹은
    갈색 파치먼트

게이샤 overripe cheerry로 만든 블랙허니

14) Slow drying traditional natural

❶ Float cherries on water tank
- 잘 익은 체리만을 선별 수확(검붉은색 혹은 보라색)

❷ Fermentation in cherry
- 발효는 하루에 끝낸다.

❸ Drying

a. 건조의 첫 단계에서 지속적으로 발효가 진행될 수 있게끔 천천히 건조
- 처음엔 체리를 얇게 펼치고, 시간이 지날수록 조금씩 두꺼워져도 괜찮다.
- 비나 이슬로 인한 침수의 영향이 없도록 한다.

b. 적당한 속도로 수분율 35%가 될 때까지 건조시킨다.
- 콩을 자주 뒤집어 준다.(더운 시간은 더 자주 뒤집는 것이 좋다.)
- 곰팡이 생성방지

c. 수분율 35% 단계부터는 콩의 드라이 스킨이 보일 때 까지 천천히 건조
- 밤엔 플라스틱 백에 보관, 아침엔 다시 펼쳐주기를 반복
- 가능한 최종 건조는 응달에서 건조 완료

d. 목표 상태
- pH : 5.5~6.0 → 3.8 혹은 그 이하
- 당도 : 50 → 40%
- 아로마 : 강한 과일향, 화이트와인, 애플사이다, 향신료, 타마린
- 점액질이 대부분 파치먼트에 붙어있는 검붉은색 혹은 갈색 파치먼트

COFFEE QUALITY
PART 2
PROCESSING TREND

슬로우 드라잉 내추럴

15) Honeyed natural

❶ Float cherries on water tank

❷ Fermentation in cherry

a. 체리 상태로 장시간 발효
- 체리 상태로 백(bag)이나 발효탱크 또는 사이폰에 보관하면서 온도가 40℃를 넘지 않도록 관리
- 더운 기온에서는 4~5일, 추운 기온에서는 5~7일 발효하여 커피 과즙이 방출되도록 한다.
- 파티오나 드라잉 테이블에 체리를 두껍게 펼쳐놓는다.(두께 약 12cm)
- 체리에 손상이 가지 않도록 최소한으로 뒤집는다.
- 외부요인으로부터 오염을 막는다.

❸ Drying

a. 과즙이 밖으로 빠져나오도록 최대한 빠르게 건조(수분율 30%까지)
- 콩을 자주 뒤집어준다.
- 체리가 밟히지 않도록 주의한다.
- 체리에 곰팡이가 생기지 않도록 한다.

b. 30% 도달하면 목표 수분율인 13%에 이르기까지 천천히 건조
- 밤엔 플라스틱백, 낮엔 일광 건조
- 드라잉의 후반부는 그늘에서 진행하여 완료한다.

c. 목표 상태
- pH : 5.5~6.0 → 3.8이나 그 이하
- 당분 : 50 → 40%
- 아로마 : 강한 과일향, 화이트와인, 애플사이다, 향신료, 타마린
- 색은 다크브라운 혹은 검은색 그리고 광택이 있는 표현

Perfect slow drying honey natural

16) Wooden barrel honey natural

❶ Float cherries on water tank
- 물에 뜨는 체리와 이물질 제거
- 배출 후 체리 발효시작
- 미성숙체리와 과성숙체리 분류

❷ Fermentation of cherries in tanks

a. 나무통 속에 체리를 보관(어둡고 차가운 환경, 산소와 접촉)
- 온도를 40℃가 넘지 않도록 관리, 8시간마다 통을 움직여줌
- 과즙이 밖으로 빠져나오고 좋은 와인향미가 날 때까지 보관(5~7일)

b. 목표 상태
- pH : 7.0~6.5(신선한 체리) → 4.0~4.3 혹은 조금 낮게
- 당도 : 50 → 40%
- 아로마 : 강한 과일향, 화이트와인, 애플사이다, 향신료, 타마린, 말린 바나나 껍질
- 고품질 체리는 표면에 광택이 있는 다크브라운 색상

❸ Drying

a. 수분율은 30% 정도, 과즙이 빨리 빠져나오도록 빠르게 건조
- 자주 뒤집어 준다.
- 체리를 밟지 않도록 주의
- 곰팡이 생성 주의

b. 수분율이 30%에 도달하면 13%가 될 때까지 천천히 건조
- 밤에는 플라스틱백에 보관하고, 아침에는 펼쳐서 건조
- 후반부 건조는 그늘에서 진행하여 완성한다.

17) Rinsed honeyed natural

❶ Flotation
a. 체리를 물에 띄운 후 세척
- 물에 뜨는 체리와 이물질 제거
- 배출 후 체리 발효 시작
- 미성숙 체리, 과성숙 체리 분류

❷ Ferment in cherry
a. 장시간 동안 체리 발효
- 백(bag)이나 발효탱크 혹은 사이폰에 체리를 넣은 후 40℃가 넘지 않도록 관리
- 더운 기운에서는 4~5일, 추운 기온에서는 5~7일 발효
- 파티오나 드라잉 테이블에 체리를 두껍게 펼쳐놓는다.(약 12.7cm/5인치 두께)
- 체리에 손상이 가지 않도록 최소한으로만 뒤집어 준다.
- 외부의 요인에 의한 오염을 방지

b. 목표 상태
- pH : 6.5~6.0(신선한체리) → 4.0~3.8이 될 때까지 혹은 조금 낮게
- 당도 : 50 → 40%
- 아로마 : 강한 과일향, 화이트 와인(위스키, 브랜디, 데낄라), 애플사이다, 향신료, 타마린, 말린 바나나 껍질
- 고품질 체리는 표면에 광택이 있는 다크 브라운 색상

❸ Rinsing, draining and drying

a. 체리 상태로 발효가 끝난 후 체리를 세척한다.
- 차갑고 깨끗한 물 사용
- 배출 후 건조 시작

b. 이상 적인 건조 완료 수분율은 30% 정도, 과즙이 빨리 빠져나오도록 빠르게 건조
- 자주 뒤집어 준다.
- 체리를 밟지 않도록 주의하고, 곰팡의 생성에 주의

c. 수분율이 30%에 도달하면 13%가 될 때 까지 천천히 건조
- 밤에는 플라스틱백에 보관했다가 아침에는 펼쳐서 건조
- 건조의 마지막은 그늘에서 진행하여 완료한다.

18) Yeast fermentation natural

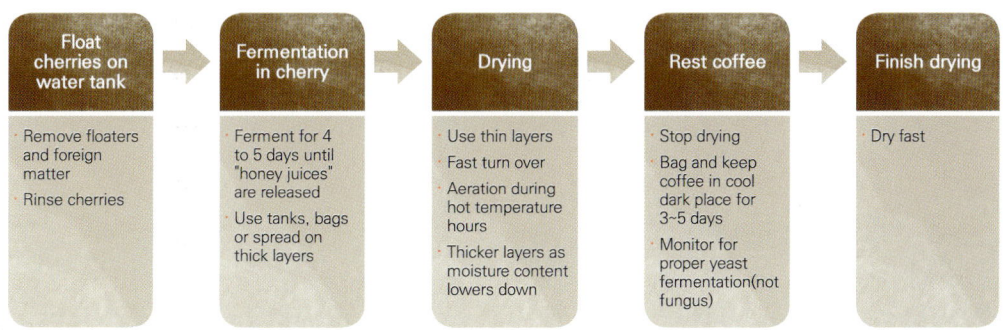

❶ Float cherries on water tank

   a. 체리를 물에 띄운 후 세척
   - 물에 뜨는 체리와 이물질 제거
   - 배출 후 체리 발효 시작
   - 미성숙 체리, 과성숙 체리 선별

❷ Fermentation in cherry

   a. 장시간 발효(5~7일)
   - 발효탱크 혹은 사이폰에 보관하면서 수분율과 온도를 체크(35℃ 이하, 그늘진 환경)
   - 배출 후 체리 발효 시작
   - 미성숙체리 혹은 과발효 체리 선별

❸ Drying

   a. 이스트 발효 단계에 도달하도록 빠르게 건조(35% 정도)
   - 자주 뒤집어줌
   - 체리를 밟지 않도록 주의
   - 곰팡이 생성 주의

   b. 수분율이 35%에 달하면 13%에 도달하여 드라이스킨이 보일 때 까지 천천히 건조
   - 밤에는 플라스틱백에 담아뒀다가 아침에 펼쳐서 건조
   - 건조의 마무리는 그늘에서 진행하여 완성

❹ Rest Coffee

a. 휴면 후 두 번째 발효(이스트)
- 이스트의 활동이 활발한 환경에서 건조 중지 : pH 4.5(수분율 35%)
- 이스트가 체리에 고루 퍼지도록 2~3일 정도 휴면 후 하루 정도 빠르게 건조

❺ Finish drying

a. 느린 속도로 건조 마무리
- 가급적이면 그늘에서 건조 마무리

b. 목표 상태
- pH : 5.5~6.0 → 3.8
- 당도 : 50 → 40%
- 아로마 : 강한 과일향, 화이트 와인(위스키, 블랜디, 데낄라), 애플사이다, 향신료, 타마린, 말린 바나나 껍질
- 밝은 갈색/회색빛의 옅은 색상의 체리

이스트 퍼멘티드 내추럴-첫 시작 단계와 3일 뒤 사진

5. 커핑 평가 방법

6. 생두의 결점두

COFFEE QUALITY
PART 2
CUPPING

1. 커핑이란?

커피의 향과 맛에 대한 분석을 통해 커피의 품질(quality)을 평가하고 등급(grade)을 부여하는 작업이다. 즉 커피가 가진 특성과 가능성을 분석하고 평가하는 작업이라고 할 수 있다. 좁은 의미로는 산지 별 커피의 특성(장점과 단점)을 평가하는 것이지만, 넓은 의미에서는 생두의 가능성과 효용성, 활용도를 평가하는 작업으로서, 긍정적인 맛과 부정적인 맛에 대한 이해를 통해 커피의 세부적인 맛을 찾아가는 과정이다.

2. 커핑의 목적

커핑의 목적은 커머셜, 프리미엄, 스페셜티 등 여러 가지 커피의 품질(quality)을 구분할 수 있는 능력 배양하고, 나아가서 세계적으로 통용될 수 있는 일정 기준을 만드는 것이다.

커핑이라는 평가방식이 필요한 이유는 첫 번째로 시장 경제적인 측면이다. 즉 생산자들이 정당하고 합리적으로 책정된 비용을 받을 수 있도록 하기 위해서이다. 기존 커피 시장은 매매만을 위해 생산지 혹은 생산자의 구분 없이 중간 판매상에 의해 마구 뒤섞인 채로 판매되어 커피의 퀄리티와 효율성이 떨어지는 것은 물론 생산자들의 추가 소득의 기회도 없었다. 때문에 커핑 평가를 통한 생산지의 차별화는 생산자들의 권리를 보장해줌과 동시에 품질의 투명성도 증가시켜 전체적인 커피 시장의 향상을 도모할 수 있게 해 주는 것이다. 두 번째 로는 고품질의 차별화된 커피를 찾기 위해서이다. 점점 높아지는 스페셜티 시장의 가치 기준에 맞추어 소비자들이 원하는 품질을 가진 차별화된 커피를 발견하려는 노력들을 하게 되었다. 마지막으로 커피의 가치 향상 도모이다. 이는 커피 무역의 효율성, 편의성을 위함이며, 국제적인 평가 기준의 확립을 통해 커피 무역의 효율성을 키우고자 하는 목적이다. 커피 산업의 지속을 위한 안정적인 커피 공급(Sustainable Coffee)을 통해 궁극적으로는 커피 관련 산업 종사자들의 안정과 번영을 꾀하고자 하는 것이 커핑의 원대한 목적이라고 할 수 있다.

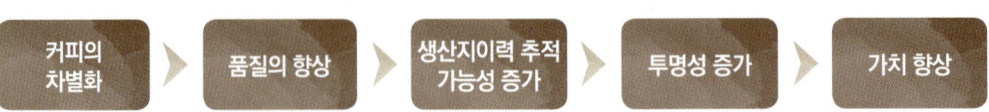

하지만 커핑이라는 작업은 인간의 관능, 그러니까 인간의 오감을 이용하여 주관적으로 커피를 평가하는 과정이므로 표준화된 절차의 필요성이 계속적으로 제기되었다. 그리하여 세계 최대의 커피 관련 단체인 SCAA(Specialty Coffee Association of America[5]) 산하 CQI에서는 생산국와 소비국의 커피 산업 종사자들이 모두 이해하고 적용할 수 있는 커피 평가 프로그램의 필요성을 인지하게 되었고, 이를 위한 원안(Protocol)과 평가지(Cupping Form)를 만들었다.

3. 커핑 방식

1) 커핑에 필요한 장비

로스팅장비	환경	커핑준비
샘플 로스터	밝은 공간	저울
아그트론 또는 컬러 측정장비	깨끗하고, 외부의 오염된 냄새가 없는곳	뚜껑이 있는 커핑컵
그라인더	커핑 테이블, 무소음, 적정한 온도, 방해요소 통제	커핑 스푼, 온수장비, 커핑 시트지, 필기도구 등

2) 커핑 준비

(1) 로스팅
- 커핑을 위한 평가 전 24시간 이내에 로스팅 한 후, 최소 8시간 정도의 휴면 시간을 둘 것을 권장한다.
- 커핑을 위한 로스팅 시간은 최소 8분에서 최대 12분을 넘기지 않도록 한다.
- 로스팅 시 티핑이나 스코칭[6]이 발생하지 않도록 한다.
- 샘플은 로스팅 즉시 쿨링을 해준다.(워터 콘칭 하지 말 것)
- 로스팅한 샘플은 직사광선이 없는 서늘한 온도에서 보관해준다.

---

5 얼마전 SCAA 는 SCAE와 통합하여 SCA가 되었다.

6 Tipping Scorching

(2) 커피와 물의 비율

- 권장 용량은 150ml의 컵에 8.25g 의 원두가 들어가는 것이다
- 개별 컵에 담기는 콩의 무게는 홀빈 상태로 측정한다.

(3) 커핑 준비 및 절차

- 분쇄는 평가 전 10분 이내에 해준다.(향미소실방지)
- 분쇄 입자는 페이퍼 필터 드립 보다 약간 더 거칠게(coaser) 조절해준다.
- 커핑에 사용되는 물은 깨끗하고 오염취가 없는 물을 사용할 것
  (이상적인 수치는 125~175 ppm TDS; 68 mg/ℓ Ca hardness and 40~75 total alkalinity),
- 커핑을 위한 권장 온도는 93℃(200℉)
- 물을 붓고 4분 정도의 침지 시간을 준다.
- 브레이킹: 컵 윗쪽의 커피 가루들을 부숴준다.(부드럽게 3번 정도 저어주는데, 스푼이 컵의 절반 정도만 들어가게끔)
- 스키밍: 표면의 거품과 남은 가루들을 걷어낸다.
- 71℃(160℉)정도로 온도가 떨어질 때 까지 기다려준다.
- 슬러핑, 맛보기: 온도가 21℃(70℉)로 떨어질 때 까지 맛을 보고, 입안을 헹궈주고, 기록하고의 작업을 반복해준다 .

4. 커핑 평가

관능 평가를 하는 이유는 다음과 같다.

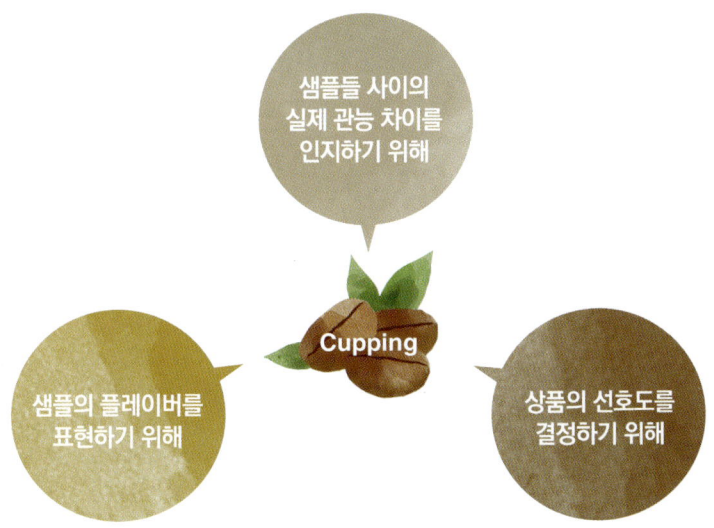

물론 커핑을 통해서 모든 것을 완벽하게 평가할 수는 없지만, 커퍼가 커핑을 하는 목적을 이해하고, 그 결과를 어떻게 적용할 것인지 인식하는 것이 중요하다. 커핑 프로토콜의 목적은 커퍼(cupper)에게 품질이라는 개념에 대해서 인식하고 이해시키기 위함이다. 또한 특정 향미 속성의 특징을 분석하고, 본인의 경험들에 근거하여 샘플을 숫자의 척도로 평가하는것이다. 샘플들 간의 점수는 비교할 수 있으며, 높은 점수의 커피는 낮은 점수의 커피보다 확연하게 좋아야한다.

5. 커핑 평가 방법

CQI에서 제작한 커핑 시트지에는 다음과 같은 평가 항목들이 기재되어 있다. Fragrance/Aroma, Flavor, Aftertaste, Acidity, Body, Balance, Uniformity, Clean Cup, Sweetness, Defects, and Overall.

특정 향미 속성은 커퍼의 판단에 의해 결정되는 긍정적인 점수이다; 디펙트는 불쾌한 향미를 감지하는 부정적인 점수이다. 이 점수들의 평가 척도는 16점이며, 6점에서 9점까지 숫자값 사이를 4등분한 점수차가 있다. 이것의 레벨은 다음과 같다.

Quality Scale			
6.00 (Good)	7.00 (Very good)	8.00 (Excellent)	9.00 (Outstanding)
6.25	7.25	8.25	9.25
6.50	7.50	8.50	9.50
6.75	7.75	8.75	9.75

이론상으로 위 점수의 범위는 최저 0에서 최고 10점까지인데, 가장 하위 범위 2점~6점은 상업용 커피에 적용하긴 하지만 주로 결점두와 강도로 표현된다.

1) 평가절차

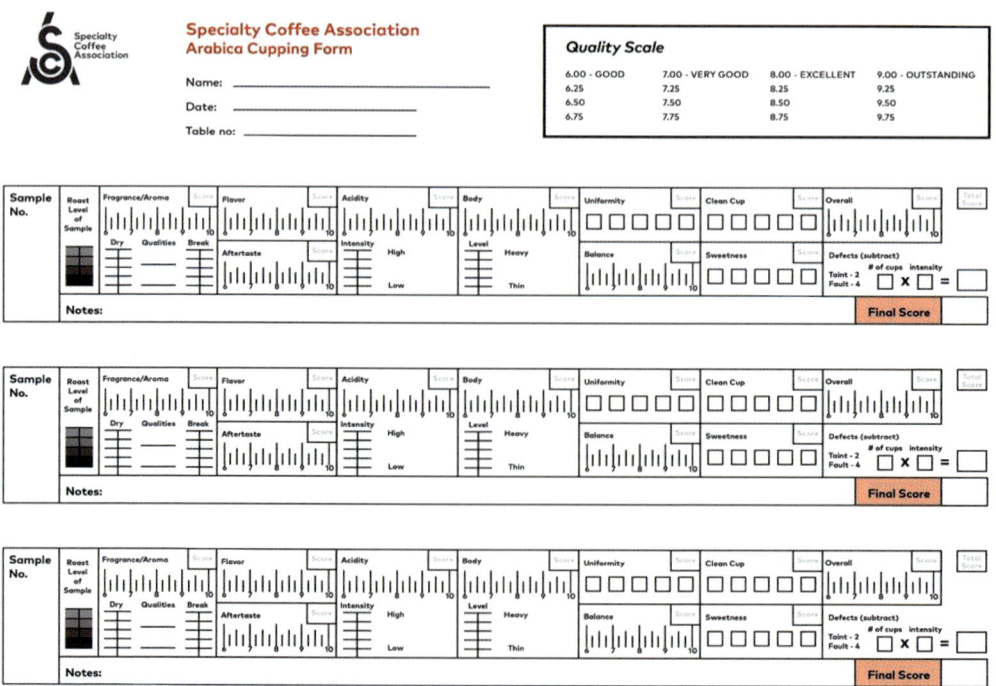

(1) Fragrance/Aroma
- 분쇄되어 세팅된 커피 샘플의 향을 평가하는 단계로 15분 이내에 평가를 마치는 것을 권장한다. 샘플에 대한 시작적인 평가 후 샘플 컵의 뚜껑을 열어서 코로 들이마시면서 마른 향을 평가한다.
- 92℃ 정도의 물을 붓고, 3~5분 정도 커피가 컵 속에서 충분히 우러나도록 기다려준다.
- 컵 위쪽의 커피 가루들을 부숴주며(부드럽게 3번 정도 저어주는데, 스푼이 컵의 절반 정도만 들어가게끔) 스푼의 뒷면으로 거품을 밀어내며 스푼에 묻은 향을 맡아본다.
- 마른 향과, 젖은 향을 모두 평가하는 것이다.

(2) Flavor, Aftertaste, Acidity, Body, and Balance
- 침지 후 8~10분 정도가 지나고, 샘플의 온도가 71℃(160℉)정도로 떨어지면 커피 용액에 의한 평가를 시작해야 하는 시점이다.
- 적당량의 커피를 떠서 입 가까이 가져간 후, 커피 용액이 입 안 전체(특히 혀와 입천장을 덮을 정도로)에 고르게 퍼질 수 있도록 흡입해준다. 이는 높은 온도일 때 비후방 점막세포에서 증기를 가장 잘 감지하여 Flavor와 Aftertast 를 먼저 평가하기 때문이다.
- 커피가 식어가는 동안 Acidity와 Body, Balance 를 평가한다. Balance는 Flavor, Aftertaste, Acidity, Body가 얼마나 서로 시너지가 있는 조합을 가지고 있는지에 대한 커퍼의 평가이다.
- 다른 속성들에 대한 커퍼의 선호도는 커피가 식어가는 동안 다른 온도군에서 각각 평가해본다.(2~3회 정도)

(3) Sweetness, Uniformity, and Cleanliness
- 커피가 실온 약 37℃(100℉)에 도달하면 Sweetness, Uniformity, and Cleanliness을 평가한다. 커퍼는 모든 컵을 각각 평가한 후, 각 속성에 따라 컵 당 2점씩(최대 10점)을 부여한다.

· 커피에 대한 평가는 샘플이 21℃ 정도까지 식으면 멈추고, Overall은 앞서 평가한 요소들을 고려하여 부여하는 Cuppers Point 로서 본인이 결정하여 점수를 매긴다.

(4) Scoring
· 샘플을 평가한 후, 점수를 모두 합산하여 상단 우측 박스에 기입한다

2) 항목별 평가
(1) 강도의 평가와 품질의 평가
각 속성의 점수는 커핑폼의 양식에 맞추어 기록한다. 긍정적인 속성의 경우 2가지의 체크 양식이 있다.

> \# 수평(상하) 척도는 리스트에 있는 관능 요소의 강도를 평가하기 위해 사용되며, 평가자의 기록용입니다.
>
> \# 수직(좌우) 척도는 샘플에 대한 인식과 품질에 대한 경험적 이해를 바탕으로 특정 구성 요소에 대한 상대적 품질 인식 평가를 위해 사용합니다.

(2) 커핑 평가 항목
❶ 플레그런스/아로마(Fragrance/Aroma)
커핑 평가에서 향에 대한 평가는 2가지 항목으로 구분되어 있다. 먼저 분쇄된 커피에서 발산되는 물과 접촉하기 이전 상태의 커피향을 의미하는 플레그런스와 물과 접촉한 후의 향을 뜻하는 아로마로 구분된다.

플레그런스는 홀빈을 분쇄했을 때 발산되는 향에 대한 평가이다. 이 때 분자량의 경중에 따라 쉽게 잘 느껴지는 향이 있는가 하면, 무게가 가벼워 쉽사리 사라져 버리는 향이 존재한다 그렇기 때문에 플레그런스 평가는 신속하게 이뤄져야 한다. 플레그런스 평가는 분쇄된 커피가 담긴 컵에 코를 가까이 가져다 댄 후 깊이 숨을 들이마시는 방법과 수차례에 나눠 향을 인지하는 방법이 있다.

아로마는 물과 커피가 접촉한 후에 나타나는 향의 평가항목이다. 이때 뜨거운 물로 인한 수증기를 향으로 인지하는 경우가 있으나 이는 향이 아니다. 또한 아로마는 4분간 커피를

추출한 후 스푼으로 컵 상부의 커피 크러스트를 깨면서 평가하는 과정인 브레이킹 단계에서 인지되는 향을 포함한다.

인지된 플레그런스와 아로마는 Qualities 부분에 적고, dry, break, wet 아로마의 강도는 5점의 수직척도로 표기한다. 최종 점수의 부여는 위의 모든 사항을 통합하여 평가해야한다. 주의할 사항은 향의 양이 많다고 해서 좋은 점수가 부여되는 것이아니라 향의 품질에 대한 평가임을 기억해야한다.

❷ 플레이버(Flavor)

플레이버는 풍미, 향미를 뜻한다. 플레그런스와 아로마가 커피를 입에 넣기 전에 감지되는 향에 대한 평가였다면, 플레이버는 커피가 입에 들어왔을 때 느껴지는 복합적이고 다양한 향미를 뜻한다. 여기서 향미(香味)란 향과 맛을 아우르는 표현으로 커피의 평가에 있어 가장 중요하다. 입 안으로 들어온 커피가 지닌 맛은 혀로 감지되고, 향은 함께 유입된 공기에 의해 코에서 감지되는데, 이러한 감지를 보다 극대화 시키기 위해 슬러핑(Slupping)이란 행위를 한다. 슬러핑은 스푼으로 커피를 소량 뜬 후 이를 공기와 함께 강하게 들이마시는 작업을 뜻하는데, 이때 커피가 혀에 골고루 분사되어 다채로운 맛의 인지를 가능하게 하고, 함께 들이마신 공기가 커피의 향을 코까지 전달할 수 있도록 한다.

어떤 커피는 슬러핑을 하지 않고 커피의 향미를 평가하는 경우도 있지만, 슬러핑을 하는 쪽이 보다 다채롭고 풍부한 향미를 인지할 수 있다. (우리의 혀는 처음 접촉한 맛에 대한 인지가 가장 강하기 때문에 동시에 혀에 골고루 커피가 분사되어 다양한 맛을 한 번에 인지할 수 있도록 하는 것이다.)

플레이버의 평가를 시작하는 시점은 개개인마다 조금의 차이가 있지만, 대략 75℃ 혹은 브레이킹을 한 3분 후부터 평가를 시작한다. 플레이버 평가에서는 인지된 향미를 가능한 자세하게 표현하는 것이 중요하며, 그 향이 긍정적인지, 부정적인지를 구분하여 메모하는 것이 중요하다. 또한, 온도에 따라 커피의 향미가 변화하기 때문에 최소한 따뜻할 때, 미지근할 때, 식었을 때 이상 3회 정도 평가를 진행해야 한다.

또한. 플레이버는 커피의 주된 캐릭터를 나타내는 것으로서, 커피에 대한 첫 아로마와 산미가 후미에 주는 영향 사이의 '중간 단계'를 의미한다. 이것은 코에서 입까지 가는 모든 미각(미뢰)과 후각 아로마가 결합된 느낌을 말한다. 플레이버 점수는 커피를 슬러핑할 때 느껴지는 강도, 품질 그리고 복합성을 기준으로 평가한다.

❸ 에프터테이스트(Aftertaste)

에프터테이스트는 커피의 여운을 뜻한다. 커피의 향미평가에서 여운이란 커피를 마시거나 뱉은 후 입 안에 남는 커피 향미의 품질 및 길이를 평가한다. 일반적으로는 여운이 긴 쪽이 짧은 쪽보다 긍정적인 것으로 평가하지만, 긍정적인 여운을 보이는지 혹은 부정적인 여운을 보이는지가 더 중요하다. 결국, 입 안에 남는 커피의 긍정적인 여운이 길게 남는 것이 가장 좋겠지만, 부정적인 여운을 보인다면 그 길에 짧은 것이 더 나을 수도 있다. 하지만 모든 커피가 긴 여운을 지닌 것은 아니기 때문에 어떠한 뉘앙스의 여운을 남기는지 평가하는 것이 중요하다.

❹ 에시디티(Acidity)

에시디티는 신맛, 산성으로 해석된다. 하지만 커피의 엑시디티 평가는 신맛에 대한 평가가 아닌 산미에 대한 평가이다. 여기서 산미(酸味)는 신맛과 단맛의 조화로움에 대한 평가이다. 예를 들어 레몬과 오렌지 중 어떤 신맛을 사람들이 더 선호하는지를 조사해 보면, 대다수의 사람들이 오렌지를 선택한다. 그 이유로는 레몬은 신맛이 강하지만 단맛이 부족한 반면, 오랜지는 신맛과 단맛의 조화로움을 가지고 있어 사람들이 더욱 선호한다.

이렇듯 사람의 산미인지는 단순히 신맛의 강도에 대한 평가라기 보다는 신맛과 단맛이 얼마만큼 조화로운지에 대한 평가라 보아야 할 것이다. 커피의 산미 평가 역시 신맛의 강도가 아닌 신맛과 단맛의 조화로움에 대한 평가로 보아야만 한다.

특히 전세계 커피 생산량의 약 70%를 차지하며, 우리가 '원두커피'라 부르는 품종인 '아라비카'는 산미를 특징으로 하기 때문에, 이에 대한 평가가 아라비카 커피의 향미 평가에 있어 매우 결정적인 요소로 작용한다. 여기서 산은 식물의 생장, 가공과정의 발효 등 다양한 공정에서 생성되는데, 이 대사활동의 결과물인 유기산이 아라비카 품종의 산미를 구성한다. 그렇기 때문에 아라비카 품종의 커피를 평가할 때 어떤 산미를 지니고 있는지가 매우 중요하며, 플레이버 평가와 함께 커피의 향미를 좌우하는 평가 항목이다. 커피의 산미는 커피 향미의 높낮이를 구성하며, 산의 강도가 아닌 품질로 점수를 부여한다.

하지만, 우리나라, 이태리 등의 국가는 커피의 산미를 선호하지 않기 때문에 최종적인 커피제품을 완성 할 때, 커피가 가진 산미를 얼마만큼 효과적으로 표현하는 지가 판매의 관건이 되기도 한다. 또한, 커피의 온도가 낮아질수록 산미가 증가하기 때문에 산미에 대한 평가는 온도가 낮아진 시점까지 살펴보아야 한다. 뜨거울 때는 긍정적인 산미로 보였지만, 온도 변화에 따라 신맛이 날카롭게 표현되거나 떨어지는 경향을 보일 수 있기 때문에 평가에 있어 주의를 기울여야 한다.

산미는 긍정적인 느낌일때는 'brightness'로, 부정적인 느낌일 때는 'sour'로 표기한다. 가장 좋은 신맛은 커피에 생기, 단맛 그리고 신선한 과일의 캐릭터를 주며, 대부분은 들이키자마자 느껴진다. 하지만 지나치게 강한 신맛은 불쾌할 수 있고, 과한 신맛은 샘플의 고유 플레이버 프로파일이 아닐 수도 있다. 산미의 최종점수는 산지의 특성과 다른 요소들(로스팅 정도, 사용목적 등)과 관련시켜 반영한다.

❺ 바디(Body)

바디감은 음료의 촉감과 무게감을 뜻한다. SCA에서는 이를 바디감이라 표기하지만, COE 커핑폼에서는 마우스필(mouthfeel)이라 부른다. 입안에 느껴지는 음료의 질감 혹은 느낌을 아우르는 표현이다. 흔히 커피의 바디감은 무게감이라고 설명하는 이들이 많은데, 무게감 보다 더 중요하게 관찰해야 하는 것이 질감이다. 커피의 무게감은 커피가 입 안에 들어왔을 때 느껴지는 농도감을 뜻하는데, 일반적으로 가벼운 것 보다는 묵직한 것이 긍정적인 것으로 판단 한다. 하지만, 무게감은 커피가 생산된 국가 및 환경에 의해 결정되는 경우가 많기 때문에 무조건 무게감으로 커피를 결정짓는 것은 잘못된 평가이다. 무게감 보다 더욱 객관적으로 커피를 평가할 수 있는 항목이 질감이다. 커피의 질감은 커피가 입 안에 들어왔을 때의 감촉으로 부드러운 감촉을 지닌 것이 거친 질감을 지닌 커피에 비해 좋은 평가를 받는다. 거친 질감을 지닌 커피는 커피에 녹아있는 용존 고형물의 함량이 지나치게 높거나, 특정 성분이 거칠게 혹은 떫게 나타나는 경우에 속한다.

결국 바디감은 커피의 질감에 대한 논의로 보는 것이 옳으며, 부드러운 질감을 지닌 커피를 발견하기 위한 평가항목이다. 만약 커피의 바디감이 거칠게 느껴졌다면, 어떤 부분에서 문제가 있었는지를 역추적해보는 과정을 통해 해당 커피에 대한 이해를 높일 수 있다. 바디의 퀄리티는 커피를 머금고 있을 때 혀와 입천장 사이에서 느껴지는 용액의 촉감을 기초로 한다. 바디가 무거운 커피들은 대부분 추출된 콜로이드와 자당의 느낌 때문에 커피 퀄리티와 관련해서 높은 점수를 받을 수 있다. 하지만 바디가 가벼운 커피들도 입안에서 좋은 느낌을 줄 수 있다.

❻ 밸런스(Balance)

밸런스는 조화로움을 뜻한다. 커피의 평가에서 밸런스는 신맛, 단맛, 짠맛, 쓴맛의 조화로움에 대한 평가가 아니라 앞선 평가의 대상이었던 플레그런스/아로마, 플레이버, 에프터테이스트, 엑시디티, 바디 이상 5가지 평가의 조화로움이 어떠한지에 대한 평가이다. 결국 모든 평가 항목이 고르게 긍정적으로 작용하는가에 대한 평가로 플레이버에서만 특별한 향미를 보였다고 한다면, 밸런스에서 부정적인 평가를 받을 것이고, 바디에서만 긍정적 평가를 받고 나머지 항목이 조화롭지 못하다면 밸런스에서 좋은 점수를 받기 어려운 것이다. 또한, 모든 항목이 다 고만고만한 수준의 평가를 받았다고 해서 밸런스가 높은 점수를 받는 것은 아니다. 즉, 밸런스는 모든 평가항목에서 적정 수준 이상의 장점을 보이는지에 대한 평균치를 찾는 작업이라 생각하면 된다. 밸런스의 중심을 잡아주는 역할을 하는 것은 '단맛'으로 풍부한 단맛을 중심으로 향과 산 그리고 여운과 질감이 얼마만큼 조화롭게 엮여있는지에 대한 평가라 볼 수 있다.

❼ 유니포머티(Uniformity)/스위트니스(Sweetness)/클린컵(Clean cup)

앞선 6개의 평가항목과는 조금 다른 관점에서 고찰해야하는 3가지 항목이다. 이 세 가지 항목을 묶여서 서술하는 이유는 이들은 서로 엮여서 평가가 이뤄져야 하기 때문이다. 이 항목은 각 샘플당 5개의 컵을 제시하고 제시된 컵 중 문제가 있는 컵을 발견하는 항목으로 1개의 컵에서 문제가 발생할 때마다 - 2점이 부여되는 평가이다.

유니포머티

유니포머티는 커피의 균일성을 평가하는 항목이다. 커피는 같은 나무에서 생산되었다고 해도 나무의 윗 단에서 생산된 커피와 뿌리 쪽에서 생산된 커피의 향미에 차이를 보일 수 있다. 그렇기 때문에 같은 샘플이라 해도 각 컵 간의 차이가 발생할 수 있는데, 용납할만한 수준에서의 다름을 지니고 있는지에 대한 평가가 유니포머티이다. 일반적으로 1개의 샘플당 5컵으로 평가가 이뤄지는데, 5컵 간의 균질성을 평가하는 것이 유미포머티이다. 이 항목에서는 단순히 다름에 대한 평가이기 때문에 그 이유가 무엇인지 간에(긍정적인 혹은 부정적인) 다른 향미를 가진 컵을 발견하면 된다.

스위트니스

스위트니스는 단맛이란 뜻이다. 모든 커피는 강도의 차이는 있지만 단맛을 가지고 있는데, 단맛이 전혀 없는 커피가 있다면 문제가 있는 커피라 보아야 한다. 이 항목에서는 단맛이 전혀 없는 컵을 찾는 항목으로 단맛의 정도에 대한 평가가 아니다. 단맛은 명백한 단맛 분 아니라, 기분 좋게 하는 풍부함을 뜻하며 특정 탄수화물에 의해 단맛을 감지하게 된다. 이러한 단맛의 반대 개념은 sour 또는 풋내(green) 플레이버이다. 청량음료처럼 자당이 많이 함유된 제품에서는 직접 적으로 느껴지지 않을 수 있지만, 다른 특성들에 영향을 미칠 수 있다. 단맛의 평가는 각각의 컵에 2점씩 총 10점 만점을 줄 수 있다.

클린컵

클린컵은 컵의 순수성을 의미한다. 즉, 외부에서 유입된(곰팡이, 벌레, 이물질 등) 요인으로 인한 향미의 변질이 일어난 컵을 발견하는 항목이다. 이는 5개의 컵 중에서 결점두에 의한 오염 혹은 이물질에 의한 컵의 순수성 파괴 등을 감지하는 평가항목이다. 클린컵을 평가할 때는 첫 모금부터 마지막 목 넘김이나 뱉을 때까지의 모든 느낌을 살펴야한다. 커피와 관련 없는 향이나 맛은 부적격한 컵으로 간주된다.

상호작용

	유니포미티	스위트니스	클린컵
유니포머티 O		O/X	O/X
스위트니스 O	O		O/X
클린컵 O	O	O	

유니포머티에 문제가 있는 컵은 스위트니스와 클린컵에 반드시 영향을 주는 것은 아니지만, 클린컵에 문제가 있는 컵은 유니포머티에 반드시 영향을 주며, 스위트니스까지 망가뜨리는 경우가 존재한다. 또한 스위트니스에 문제가 발생한 컵은 유니포니머티에 영향을 주지만, 클린컵에 무조건적인 영향을 주는 것은 아니다. 결국 세가지 항목 중 커피의 품질

에 가장 큰 영향을 주는 항목은 클린컵으로 결점두 혹은 기타 외부적 요인으로 인한 향미의 저해요인이 된다.

❽ 오버올

Overall 점수는 커퍼가 평가한 전체적인 통합 평가를 반영하는 것이다. 여러 가지 좋은 요소들을 지녔지만 잘 판단할 수 없는 커피는 낮은 점수를 받는다. 캐릭터에 대한 기대를 충족시키고 특정 산지의 맛을 잘 반영한 커피를 높은 점수를 받을 수 있다. 본보기로 개별적으로는 완전히 반영되지 않은 특정 요소들은 더 높은 점수를 받을 수 있다. 이 단계는 커퍼의 개인적인 평가를 하는 단계이다.

❾ 디펙트

디펙트는 커피의 품질을 떨어뜨리는 부정적이거나 나쁜 맛을 말한다. 이것은 두 가지로 나눌 수 있다. Taint는 느껴지지만 압도적이진 않은 부정적 향미로 주로 아로마에서 느껴진다. Taint는 강도에서 2점이 주어진다. fault는 맛에서 느껴지는 부정적인 요소로 압도적이거나 맛없게 만들어서 강도에서 4점이 주어진다. 디팩트는 taint인지 fault 인지를 먼저 분류한 후 이것에 대해 기술한다.(sour, rubbery, ferment, phenolic 등) 다음으로 이것에 해당하는 컵의 개수를 확인하여 이것의 강도를 2또는 4로 기록한다. 디팩트 점수는 커핑폼에 있는 지침대로 곱해서 총점에서 제한다.

❿ 최종점수

최종점수는 각 단계별 주요 특성들의 점수를 합산한 다음 '디팩트'에 해당하는 부분을 차감하여 최종점수를 계산한다. 하단의 표는 최종 점수에 대한 범위를 설명하는데 도움이 될 것이다.

Total Score Quality Classification		
90 ~ 100	Outstanding	
85 ~ 89.99	Excellent	Outstanding
80 ~ 84.99	Very Good	
< 80.0	Below Specialty Quality	not Specialty

6. 생두의 결점두

생두는 다양한 요인에 의해 결점두가 되기도 한다. SCAA에서 발간된 디펙트 핸드북은 이를 프라이머리 디펙트와 세컨더리 디펙트로 구분하고 있으며, 이는 커피의 향미에 더 중대한 영향을 미치는 것을 강약으로 구분한 것이다.

1) 블랙빈 Black bean

풀 블랙 Full black

- **외관**: 생두의 전체가 검정색을 띤다.
- **향미적 영향**: 썩은 맛, 지저분한 맛, 곰팡이맛, 시큼한 맛, 페놀릭한 향미
- **기타**: 오크라톡신(Ochratoxin)
- **발생원인**: 미생물에 의한 생두의 과발효

1 full black = 1 defect 〈프라이머리 디펙트〉

파셜 블랙 Parcial black

- **외관**: 생두의 일부가 검정색을 띠는 형태
- **향미적 영향**: 풀블랙에 비해 경미하나 같은 류의 부정적 향미가 발현

3 beans = 1 defect 〈세컨더리 디펙트〉

SCA의 결점두 기준(생두 350g에 들어있는 결점두) 프라이머리 디펙트에서 1점이라도 감점되면 스페셜티 커피가 될 수 없음			
프라이머리 디펙트	디펙트 인정 결점두 개수	세컨더리 디펙트	디펙트 인정 결점두 개수
풀 블랙	1	파셜 블랙	3
		파셜 사워	3
풀 사워	1	파치먼트	5
		플로터	5
마른 체리	1	이매추어	5
펑거스 데미지	1	위덜드	5
		셸빈	5
커피 이외 혼입물	1	깨지거나 부서진	5
		훌/허스크	5
심각하게 벌레 먹은	5	경미하게 벌레 먹은	10

2) 사워빈 Sour bean

풀 사워 Full sour

외관　　　　다소 노란빛 혹은 붉은 빛을 띠는 형태/배아가 검게 변해있음
향미적 영향　시큼한 맛, 발효된 맛
발생원인　　발효과정에서 미생물의 복합적인 작용으로 생성, 과숙체리
　　　　　　　와 땅에 떨어진 체리의 혼입으로 인한 요인

1 full sour = 1 defect 〈프라이머리 디펙트〉

파셜 사워 Parcial sour

외관　　　　생두의 일부가 노란색 혹은 붉은 빛깔을 띠는 형태
향미적 영향　풀사워와 같은 부정적 향미지만, 강도가 다소 약함

3 beans = 1 defect 〈세컨더리 디펙트〉

3) 펑거스 데미지 Fungus damage

외관　　　　생두의 일부에서 노란색 혹은 붉은색 가루가 떨어짐/일부가
　　　　　　　붉은갈색을 띰
향미적 영향　곰팡이, 흙, 더러운, 페놀릭
기타영향　　오크라톡신
발생원인　　누룩곰팡이, 푸른곰팡이, 붉은곰팡이 등 다양한 곰팡이의
　　　　　　　영향에 의해 생성. 수확 및 보관 과정에서 과도한 수분에 의
　　　　　　　해 발현

1 bean = 1 defect 〈프라이머리 디펙트〉

4) 커피 이외의 혼입물 Foreign matter

외관 나뭇가지, 나뭇잎, 돌맹이 등 생두가 아닌 물질의 혼입
영향 로스팅 시 타버려서 타른 커피에 영향을 주거나 그라인더에 들어가서 날 고장을 발생할 수 있음
발생원인 생산 및 가공 과정에서 혼입 후 제거되지 않음

1 foreign matter = 1 defect 〈프라이머리 디펙트〉

5) 마른 체리 Dried cherry/Pods

외관 마른 체리 자체
향미적 영향 발효취, 곰팡이, 페놀맛
요인 **워시드**: 펄핑이 제대로 이뤄지지 않은 채 건조된 파치먼트에 혼입되어 선별되지 않음
내추럴: 체리 상태로 건조 후 탈곡이 완전하게 진행되지 못한 상태

1 cherry = 1 defect 〈프라이머리 디펙트〉

6) 벌레 먹은 생두 Insect damage

심각하게 벌레 먹은 Severe insect damage

외관 벌레 먹은 자국이 3개 이상인 생두(벌레 먹은 부분이 검은색 혹은 푸른빛을 띰)
향미적 영향 더러운, 시큼한, 오염된, 곰팡이
요인 브로카라 불리는 벌레에 의한 결점

5 beans = 1 defect 〈프라이머리 디펙트〉

경미한 벌레의 공격 slight insect damage

외관　　　벌레 먹은 자국이 3개 미만인 생두
향미적 영향　심각한 벌레 먹음에 비해 경미한 뉘앙스
10 beans = 1 defect 〈세컨더리 디펙트〉

7) 깨지거나 부서진 생두 Brocken, chipped, cut

외관　　　깨지거나 부서진 생두는 짙은 붉은 빛깔을 띤다. 생두의 반쪽, 조각, 살짝 긁혀서 조각이 떨어져 나간 모든 생두가 여기에 속한다.
향미적 영향　흙맛, 더러운, 시큼한, 발효취 등을 야기 시킬 수 있으나, 향미에 문제가 없는 경우도 존재한다.
요인　　　가공과정(펄핑, 훌링, 건조)에서 깨지거나 부서지는 것
5 beans = 1 defect 〈세컨더리 디펙트〉

8) 이메추어 Immature

외관　　　노란빛을 띤 초록색으로 실버스킨이 달라붙어 있으며, 생두의 모서리가 날카로움
향미적 영향　풀맛, 지푸라기, 떫은맛
요인　　　덜 익은 체리의 수확
5 beans = 1 defect 〈세컨더리 디펙트〉

9) 위덜드 Withered

외관   쭈글쭈글 한 주름이 져있는 형태
향미적 영향   풀맛, 지푸라기
요인   수분이 부족한 환경에서 재배된 나무에서 생산된 체리
5 beans = 1 defect 〈세컨더리 디펙트〉

10) 쉘빈 Shall

외관   생두가 둘로 나눠진 조개 모양의 생두(반대쪽 생두는 이어빈(ear bean)이라 부름)
향미적 영향   자체로는 향미적 영향 없음(단, 다른 생두에 비해 밀도가 약해 로스팅 과정에서 타게되어 부정적 향미 생성)
요인   유전적 요인으로 발생
5 beans = 1 defect 〈세컨더리 디펙트〉

11) 플로터 Floater

외관   다른 생두에 비해 불투명한 밝은 상아색을 띰, 무게가 가벼움(물에 뜰 만큼)
향미적 영향   발효취, 쉰맛, 지푸라기, 흙, 곰팡이
요인   과도한 건조, 드라잉 머신의 과도한 사용, 잘못된 환경에서 보관
4 beans = 1 defect 〈세컨더리 디펙트〉

12) 파치먼트 Parchment

외관　　　　파치먼트 상태
향미적 영향　없음
요인　　　　완전하지 못한 탈곡
5 beans = 1 defect 〈세컨더리 디펙트〉

13) 훌/허스크 Hull/Husk

외관　　　　탈곡의 부산물(마른 체리껍질, 파치먼트 껍질)
향미적 영향　지저분한, 흙, 곰팡이, 발효취, 페놀릭
요인　　　　탈곡 과정에서 혼입된 커피 부산물
5 beans = 1 defect 〈세컨더리 디펙트〉

Part 03

FLAVOR

1. 아로마에 의한 향미의 조정

2. 맛과 향미

COFFEE QUALITY
PART 2
FLAVOR

플레이버는 아로마(Aroma), 테이스트(Taste), 촉감(Tactile sensations) 이상 3가지 유형의 자극이 통합된 결과이다.

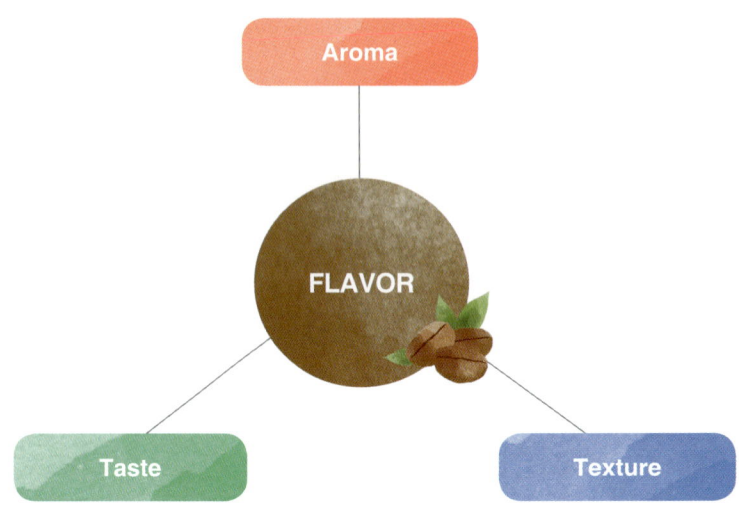

● **아로마**

사람은 4~5백 만 개의 향을 인지하고 그 중 2~4천 여 개의 향을 구분할 수 있는 능력을 지닌다. 향은 맛과 촉감을 예측하는 높은 예측력을 지니고 있다.(향미는 약 90%가 아로마에 의해 결정된다.)

● **테이스트**

사람의 혀에는 50~150여개의 수용체 세포가 존재하며, 5가지 맛을 담당하는 4가지 유형의 미뢰가 각각의 맛을 감지한다.

● **촉감**

사람은 음식의 농도와 질감에 대한 정보를 뇌로 전달하는 '삼차신경'을 가지고 있다. 이는 밀도, 질감, 자극성, 온도 등 다양한 정보를 감지한다. 촉감을 음식의 맛을 긍정적으로 느끼게 만들며, 커피의 질감 또한 향미의 긍정적 인지에 크게 영향을 받는다.

1. 아로마에 의한 향미의 조정

아로마는 향미를 예측하는 매우 강력한 예측력을 지니고 있다. 그렇기 때문에 커피의 향미에 있어 아로마는 그 무엇보다 중요하다. 커피는 약 800여개의 휘발성 화합물의 집합체로 이뤄져 있는데, 그 중 23개만이 실질적인 커피 아로마 프로파일의 키포인트로 작용된다. 커피는 '헤테로사이클릭 아로마 화합물(Heterocyclic Aroma Compounds)'이란 탄소 화합물에 의해 향이 발현된다. 이는 질소, 산소, 황이 포함된 아로마 생성물로 매우 강력한 효과를 기대할 수 있다.

인간은 수많은 냄새 수용체를 바탕으로 행동, 감정상태에 영향을 받고, 더 나아가서는 기억력, 각성, 정신적 충격 등을 유발할 수 있을 만큼 아로마는 커다란 영향을 끼친다. 인간이 커피를 마시는 행위의 시작은 향을 맡는 것이고, 이를 통해 쓴맛보다는 훨씬 더 복합적인 경험을 예측하고 그것을 즐기는 것으로 볼 수 있다.

1) 예측 및 보강

아로마는 이전의 감각 경험을 회상하게 만들어 이를 바탕으로 높은 예측력을 발휘한다. 이를 통해 우리는 실제로 맛을 보지 않고도 수천가지 물질의 정체를 예측할 수 있다.

2) 암시

인간의 뇌는 아로마에 의해 강한 자극을 받으며, 감각 경험의 재창조, 기분의 변화, 미각의 변화 등 다양한 암시를 일으킨다.

2. 맛과 향미

맛은 음식의 품질을 확인하는 필수적 요소이다. 이는 주로 냄새와 시각에 의해 인지되지만, 최종적인 판단은 입 안에 있는 화학 수용체를 통해 이뤄진다. 맛은 인간의 식욕을 촉진시키는 동시에 다양한 위험요소로부터 신체를 지켜내는 역할을 한다. 예를 들어 인체의 대사에 필요한 탄수화물을 섭취하고, 소금에 대한 인체의 필요를 느끼고 이를 받아들이고자 반응한다. 반면에 매우 강한 신맛은 음식의 부패를 의미하기에 이를 피하게 만들고, 인체의 위해요소인 독소가 지닌 쓴맛을 보다 예민하게 감지하여 인체를 보전하는 역할을 한다.

이러한 맛의 인지는 혀에 있는 미뢰를 통해 이뤄지는데, 미뢰는 혀의 윗표면, 입천장, 식도의 위쪽, 후두개까지 입 안에 폭넓게 분포해 있다. 음식물이 입 안에 들어오면, 수많은 미뢰와 음식물이 접촉하여 맛을 인지하고 이를 뇌에 전달하여 맛에 대한 자극을 느끼게 된다. 음식물은 치아의 저작 작용을 통해 부서지고, 갈린 상태로 침과 혼합되어 미뢰로 전달되고, 고체상태보다는 액체 상태로 주로 맛이 인지된다. 자극이 미각 세포를 활성화시키면, 수용기는 뉴런과 시냅스를 전달하게 되고 이것이 대뇌 피질의 미각 영역에 전기적 자극을 보내 최종적으로 미각으로 맛을 인지하게 된다.

미각은 다섯 가지 기본 맛을 지각하는 감각이다. 기본 맛인 신맛, 단맛, 짠맛, 감칠맛은 기능에 따라서 세 그룹으로 나눌 수 있다. 먼저 단맛과 감칠맛은 음식물이 갖고 있는 영양분에 대한 실마리를 주는 맛이다. 단맛은 당 분자의 구조를, 감칠맛은 글루탐산나트륨 같은 아미노산의 구

Tip

흔히 혀의 위치에 따라 인지하는 맛이 다르다는 자료를 볼 수 있는데, 이는 틀린 자료이다. 최근의 연구에서는 모든 미뢰가 모든 맛을 인지할 수 있으며, 각 미뢰의 종류나 구조에 따라 특화된 맛이 있을 뿐이라는 가설이 인정받고 있다.

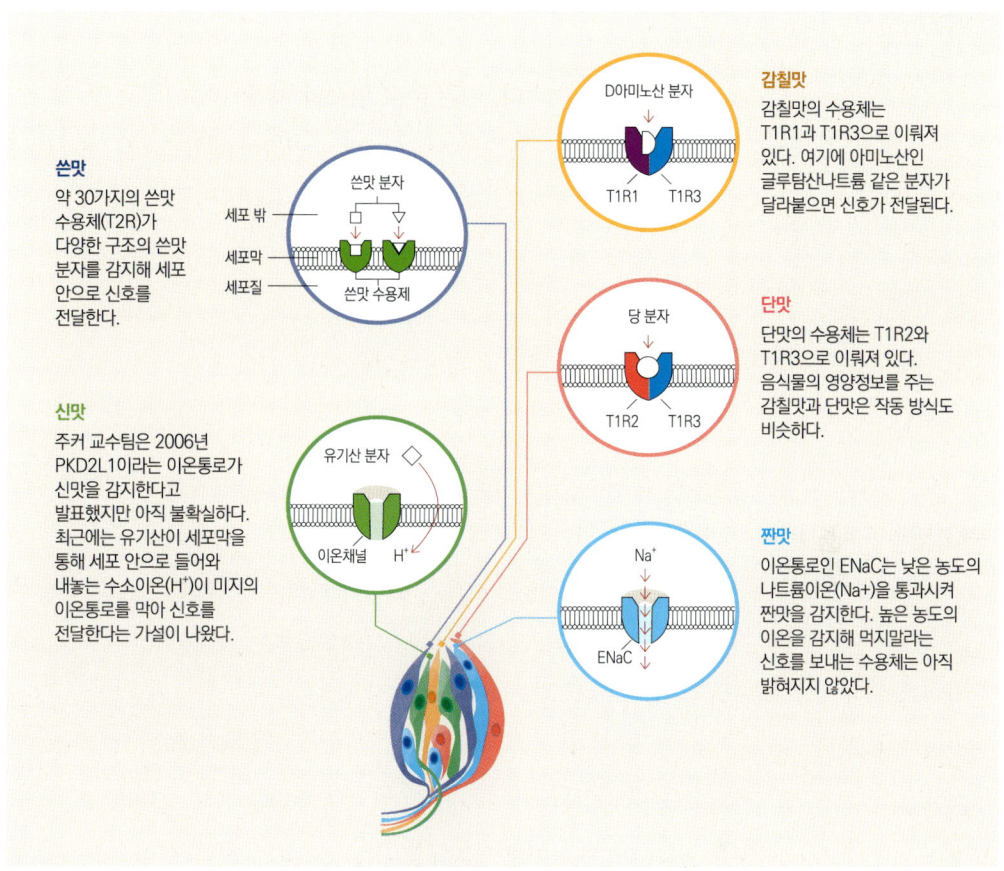

조를 인식한다. 반면 쓴맛은 음식에 독이 들어 있다는 경고의 표시다. 사람들에게 사전 정보를 주지 않고 쓴 액체를 마시게 하면 얼굴을 찡그리고 뱉을 것이다. 보약이라고 해야 '몸에 좋다면야…'라고 생각하며 마실 것이다. 나머지 짠맛과 신맛은 생리활성을 조절하는 성분에 대한 맛으로 나트륨 이온(짠맛)과 수소 이온(신맛)을 감지한다. 몸에 나트륨 이온이 부족해지면 짠 음식을 찾게 되고 짠 게 더 맛있게 느껴진다.

1) 맛의 역치

역치란 생물이 외부환경의 변화, 즉 자극에 대해 어떤 반응을 일으키는 데 필요한 최소한의 자극의 세기이다. 인간이 인지할 수 있는 5개의 맛 중 감칠맛을 제외한 모든 맛은 역치를 지니고 이는 서로 다른 세기를 지닌다.

❶ 단맛

단맛은 0.50%의 농도에서 사람에게 인지된다. 이는 나머지 4개의 맛 중 가장 높은 수치이다. 단맛의 역치가 가장 높은 이유는 흔히 단맛은 인체의 대사활동에 에너지원으로 사용되는 물질로 인체가 반응하는 민감도가 가장 낮은 것이다.

❷ 짠맛

짠맛은 0.25%의 농도에서 사람에게 인지된다. 짠맛은 물의 밸런스와 음식의 간 등을 맞출 때 인지되는 자극으로 그 민감도가 두 번째로 낮다.

❸ 신맛

신맛은 0.0008%의 농도에서 인지된다. 이는 단맛과 짠맛에 비해 매우 낮은 농도로 미량의 신맛도 쉽게 인지가 가능하다. 신맛의 예민도가 높은 이유는 변질된 음식이나 기타 부정적 자극으로부터 인체를 보전하기 위한 면역체계의 일환이라 볼 수 있다.

❹ 쓴맛

쓴맛은 0.00005%의 농도에서 인지된다. 이는 가장 역치가 높은 맛으로 인체의 면역체계의 가장 정점에 있는 맛이라 볼 수 있다. 이는 인체가 '쓴맛=독'이라는 자극을 본능적으로 인지하고 있기 때문에 미량의 쓴맛이 감지되었을 때 이를 거부하기 위한 부정적 자극으로 발현된다. 인체는 이를 위해 약 250여 종류의 쓴맛 수용체를 가지고 있으며, 이는 매우 민감하게 작동하는 감각기관이다.

❺ 감칠맛

감칠맛의 수용체는 T1R2와 T1R3로 이뤄져있다. 음식물의 영양 정보를 주는 감칠맛과 단맛은 작용 방식도 비슷하다.

2) 단맛

단맛은 눈과 뇌, 구스트두신(Gustducin) 사이의 의사소통 매개체인 G단백질 결합수용체에 의해 감지된다. 단맛에 의한 자극은 다소 둔하기 때문에 적어도 2가지 다른 종류의 단맛 수용기가 활성화 되어야만 뇌가 이를 기억하게 된다. 가끔은 향으로 인해 뇌가 단맛에 착각을 일으키기도 하는데, 예를 들어 바닐라, 캐러멜 같은 향을 인지하면, 단맛에 대한 인지가 커져서 더욱 달게 느끼는 것이다. 커피의 단맛은 다당류(Polysaccarides), 캐러멜화(Caramelization), 특정 단백질(Some Proteins), 고형물이 함유된 물(Water and soluble solids) 등에 의해 발현된다.

Taste Modulation

- 단맛은 신맛을 긍정적으로 변환하여, 과일같은 뉘앙스를 발현시킴
- 단맛은 쓴맛을 중화하여 부드럽게 표현함
- 단맛은 바디감과도 직결됨

3) 짠맛

짠맛은 주로 양이온(Na+, K+, Li+)에 의해 발생하며, 신맛과 같은 통로로 지각된다. 알칼리 금속 군의 다른 이온도 짠맛을 내지만, 나트륨의 함량이 그 강도에 결정적 역할을 한다. 이밖에 암모늄, NH+4, 알칼리 토금속 기의 2가 양이온(Ca 2+), 다른 1가 양이온은 주로 쓴맛을 띤다. 커피의 짠맛은 생두에서 발견되는 염의 농도에 따라 그 강도가 차이를 보인다.(Kcl, Nacl에 대한 염도 지수 0.6/각 토양에서 나타나는 미네랄) 그 외에도 물의 경도와 알칼리도에 의해 생두의 짠맛이 결정된다.

Taste Modulation

- 산미를 밝게 변화시킴
- 쓴맛을 부드럽게 변화시킴
- 고농도의 단맛을 중화시킴(지루함 방지)

4) 신맛

신맛은 물에 용해된 상태로 나타난다. 용해된 유기산의 신맛은 고르게 느껴지지 않으며, 신맛의 강도는 수소이온농도(pH)와 관계가 없다. 대부분의 아라비카 커피는 약 4.8~5.8의 pH를 보인다. 신맛은 PKD2L1이란 이온통로에 의해 감지된다. 커피의 신맛은 토양으로부터 생성 혹은 흡수되는 유기산에 의해 발현되며, 그 외 발효과정에서 주로 생성되는 초산, 젖산 그리고 로스팅 과정에서 만들어지는 젖산, 카페익산, 퀸산 등에 의해 감지된다.

Taste Modulation
- 신맛은 단맛에 긍정적으로 작용
- 신맛은 와인같은 뉘앙스와 과일 향미와 연관됨
- 쓴맛을 부드럽게 만듦

5) 쓴맛

쓴맛은 G단백질 거스트듀신(Gustducin)과 결합된 TAS28과 같은 TAS2R이 인간이 쓴맛을 인지한다. 인간의 TAS2R은 약 25개의 서로 다른 미각 수용체로 구성되어 있으며, 이들중 일부가 다양한 쓴맛을 인지할 수 있다. 현재 약 550가지 쓴맛이 나는 화합물이 발견되었으며, 그 중 약 100가지가 하나 이상의 수용체가 감지한다. 커피의 쓴맛은 매우 중요하고, 커피의 향미 변조의 핵심이 쓴맛이기에 쓴맛을 아는 것이 매우 중요하다.

카페인은 커피의 쓴맛의 약 10~15%를 차지하며, 이는 다른 맛 분자들과 다양한 시너지를 일으킨다. 용해도는 100℃에서 추출할 때 드립커피는 90~95%, 에스프레소는 75~85% 나타난다. 생두의 클로로겐산은 가장 강력한 성분이다. 이는 식물상태일 때는 벌레나 해충으로부터 자신을 보호하는 역할을 하는 나무의 면역체계이자 항산화 물질이다. 이는 자체로 쓴맛을 내지 않으나 로스팅 과정에서 분해되어 쓴맛으로 치환된다. 이는 가장 무거운 유기산으로 약간의 신맛을 지닌다. 또한 멜라노이딘, 단백질, 캐러멜화 등 다양한 쓴맛의 발현 요인이 존재한다.

Taste Modulation

· 쓴맛은 커피의 복잡한 향미를 가져옴 : 초콜렛, 향신료, 숲 과일, 수지류 나무

· 쓴맛은 바디감과 밀접한 연관성을 지님

6) 감칠맛

감칠맛 수용체는 글루탐산나트륨 같은 특정 아미노산의 구조를 인식하여 감칠맛을 감지한다. 단맛 수용체와 비슷한 방식으로 맛을 감지하며 T1R1과 T2R3가 짝을 이룬다. 미뢰세포 중 약 30%에서 T1R3가 발현되고, 그 중 일부는 T1R1, T1R2가 각각 발현된다. 이는 T1R1과 T1R2가 동시에 발현되는 경우는 없는데, 그 이유는 단맛과 감칠맛 정보가 별도의 경로로 미각 중추에 전달되어야 하기 때문이다. 감칠맛은 단백질을 찾는 맛이기도 하다. 하지만 단백질 자체는 분자가 너무 커서 혀의 맛 수용체가 느끼지 못한다. 맛 수용체는 단백질을 이루는 아미노산 중 하나인 글루탐산과 아스파르트산을 통해 단백질을 느끼는데, 글루탐산이 3배나 강하다.

3. Taste dynamics

상승(Enhancing), 상쇄(Masking), 조절(Modulation)

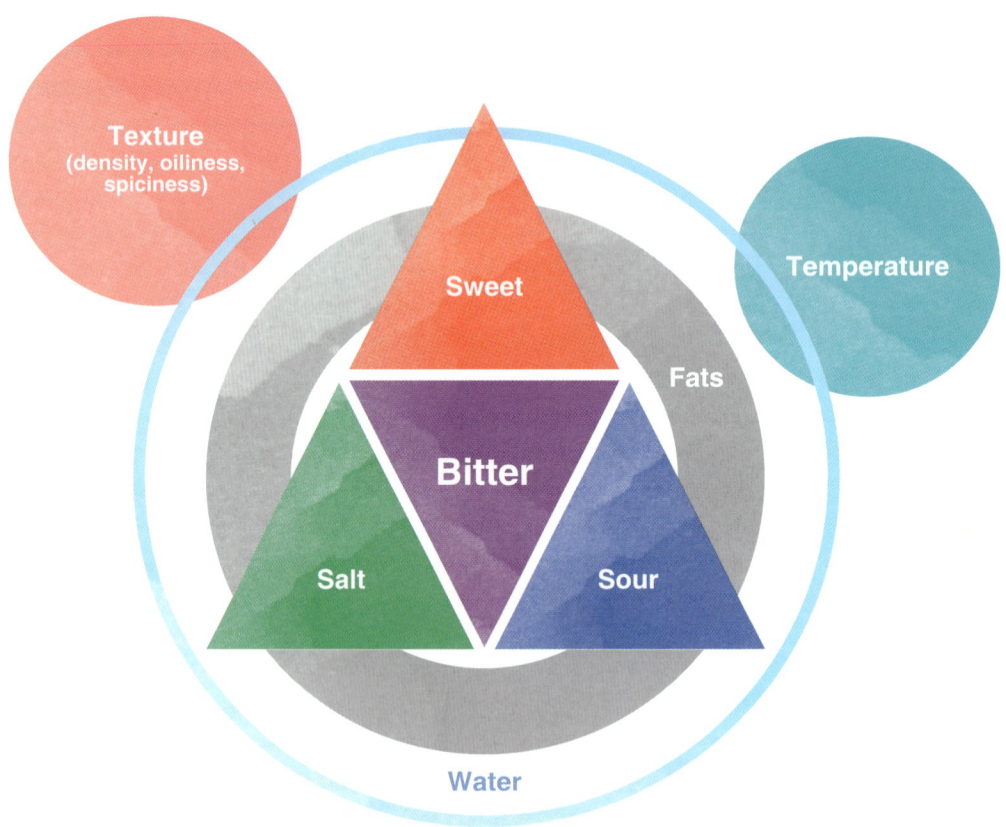

1) 신맛은 다른 향미를 강화하는 경향이 있다.

와이니/플루티(구연산, 핵과류, 말린 과일)/썩은(식초, 양파, 과발효, 썩은, 땀냄새)

2) 단맛은 가져오는 경향이 있다.

· 무성하고 밝은 단맛(과일, 캐러멜, 꿀, 원유 당밀, 바닐라, 볶은 견과류)

· 감미로운 단맛(설탕의 낮은 농도, 소금과 산의 부족)

· 닫힌 단맛(지나치게 긴 발효, 배아의 과도한 활성화)

3) 짠 맛은 부드럽거나 날카로운 맛이 나는 경향이 있다.
　(종, 토양 및 추출물에 따라 다름)

4) 쓴맛을 가져오는 요인
· 짭짤한, 양과 질이 딱딱한 경우, 쓴 맛은 커피에서 가장 복잡한 맛의 일부를 가져온다.
　(초콜릿 맛, 매운맛, 수지성, 산림 과일)

· 고무냄새, 연기냄새

· 토양 혹은 화학물질

4. Taste modulation dynamic

1) 산과 다양한 맛의 관계성

산(Acid) : 커피에 함유된 산의 종류는 구연산(Citric), 사과산(Malic), 젖산(Latic), 초산(Acetic), 인산(Phosphoric), 피루빈산(Pyruvic), 호박산(Succinic) 등이 있다.

(1) 단맛(Sweet)

커피의 단맛은 자당(Sucrose), 포도당(Glucose), 과당(Fructose) 등이 있다.

신맛과 단맛의 공존은 주로 긍정적인 효과를 일으킨다. 신맛과 단맛의 혼합에서 산으로 치우친 경우 와이니(Winey), 적절한 비율을 보일 경우 잘익은 과일의 새콤달콤한 산미(Ripen fruits), 단맛으로 치우칠 경우 말린과일(Dry fruit)의 향미가 발현된다. 또한, 산미에서 단맛이 증가할수록 바디가 무거워지는 경향을 보인다.

(2) 짠맛(Salt)

커피에서 짠맛은 염화칼륨(KCl)과 물 속에 함유된 고형분(TDS in water)로 인해 나타난다.

산과 짠맛의 관계는 산으로 치우치면 밝은 산미로 표현되지만, 짠맛에 치우치는 향미의 경우 날카로운 산미로 표현되어 부정적인 뉘앙스로 발현된다.

(3) 쓴맛(Bitter)

커피 쓴맛의 요인은 카페인(Caffeine), 트리고넬린(Trigonelline), 클로로겐산(CGA), 퀸산(Quinine), 카페익(Caffeic), 페룰(Ferulic) 등으로 인해 나타난다.

신맛과 쓴맛의 결합에서 신맛에 가까운 경우 씁쓸하지만 자몽이나 라임처럼 기분 좋은 산미를 지니는 경향성을 보인다.(Bitter acidity_Grapefruit, lime) 또한, 쓴맛에 가까운 결합은 부드러운 쓴맛으로 발현되며 올리브, 좋은 로부스타의 경우와 같은 긍정적인 향미로 표현된다.

2) 단맛과 쓴맛 그리고 짠맛

(1) 단맛과 쓴맛

단맛과 쓴맛의 결합은 단맛의 증가와 함께 쓴맛이 약하게 느껴지는데, 단맛이 강하게 느껴지는 경우 초콜렛과 같은 달콤쌉싸름한 맛으로 표현된다.(Bitter sweet_chocolate) 그리고 단맛과 쓴맛이 균형을 이룬 경우 다크초콜렛과 같은 부드러운 쓴맛으로 표현되지만, 쓴맛으로 치우친 맛의 경우 담배, 카카오 같은 강한 쓴맛으로 나타난다.

(2) 단맛과 짠맛

단맛과 짠맛의 결합은 단맛의 증가에 따라 짠맛이 중화된다. 단맛과 짠맛의 혼합은 강도에 관계없이 긍정적인 부드러움으로 변화하며, 소량의 짠맛은 단맛을 상승시킨다. 하지만 강한 짠맛은 단맛을 느껴지지 않게 만든다.

3) 짠맛과 쓴맛

짠맛과 쓴맛은 모두 커피에 있어 단독으로 존재할 경우 긍정적으로 감지되지 않는다. 하지만 많은 사람들은 커피의 쓴맛을 익숙하게 생각하기 때문에 그 정도가 어떠한지가 매우 중요하다. 특히 짠맛과의 결합에 있어서 짠맛이 조금 더 있는 경우 부드럽고 기분 좋은 올리브 같은 부드러운 쓴맛이 되지만, 쓴맛만이 강한 경우 이를 탄 맛으로 인지할 수 있다.

4) 바디감/아로마

앞서 소개한 4가지 맛의 상호작용중 단맛과 쓴맛이 커피의 바디감을 증가시키는 요인이다. 즉, 단맛과 쓴맛이 강한 커피의 경우 바디감이 무겁게 느껴질 수 있다. 한편, 아로마는 신맛과단맛의 영향을 받는다. 향이 좋은 커피는 신맛과 단맛을 기반으로 한 과일 같은 풍미로 대표할 수 있으며, 이밖에도 기분 좋은 향은 신맛과 단맛이 공존할 경우 극대화 된다.

5) 지방맛(Oily)

최근 사람이 느낄 수 있는 5가지 맛에 1가지 맛을 추가해야한다는 학설이 지속적으로 발표되고 있다. 지방맛은 기름진맛으로 표현할 수 있는데, 이는 쓴맛을 중화시키고, 모든 맛의 풍미를 강화시키는 것으로 알려져 있다. 즉, 지방이 날카로운 쓴맛과, 신맛, 짠맛 등을 중화시켜 그 강도를 감소시켜 보다 긍정적으로 맛이 표현된다.

Taste dynamic (on water solutions)

	Bitter	Acid	Umami	Salt	Sweet
Bitter	X	Softens Modulates	Masks	Softens (−) Masks (+)	Masks Modulates
Acid	Modulates	X	Modulates	Intensify Brightens	Modulates
Umami	Intensify Modulates	Modulates	X	Intensify	Intensify Modulates
Salt	Modulates	Modulates Softens	Intensify Modulates	X	Modulates Softens
Sweet	Modulates (−) Overpower (+)	Modulates	Modulates (−) Overpower (+)	Brightens (−) Neutralize (+)	X

Taste dynamics (on coffee brew)

	Bitter	Acid	Umami	Salt	Sweet
Bitter	X	Softens ↓ Modulates ↑	Masks Body ↑	Softens ↓ Body ↑ Masks	Masks Modulates ↑
Acid	Modulates	X	Modulates	Intensify ↑ Brightens	Modulates
Umami	Intensify Modulates	Modulates	X	Intensify Body ↑	Intensify Modulates
Salt	Modulates	Modulates	Intensify Modulates	X	Modulates Body ↑
Sweet	Modulates (−) Overpower (+)	Modulates	Modulates (−) Overpower (+)	Brightens (−) Neutralize (+)	X
Oil	Modulates	Modulates Masks	Modulates	Modulates Intensify	Modulates

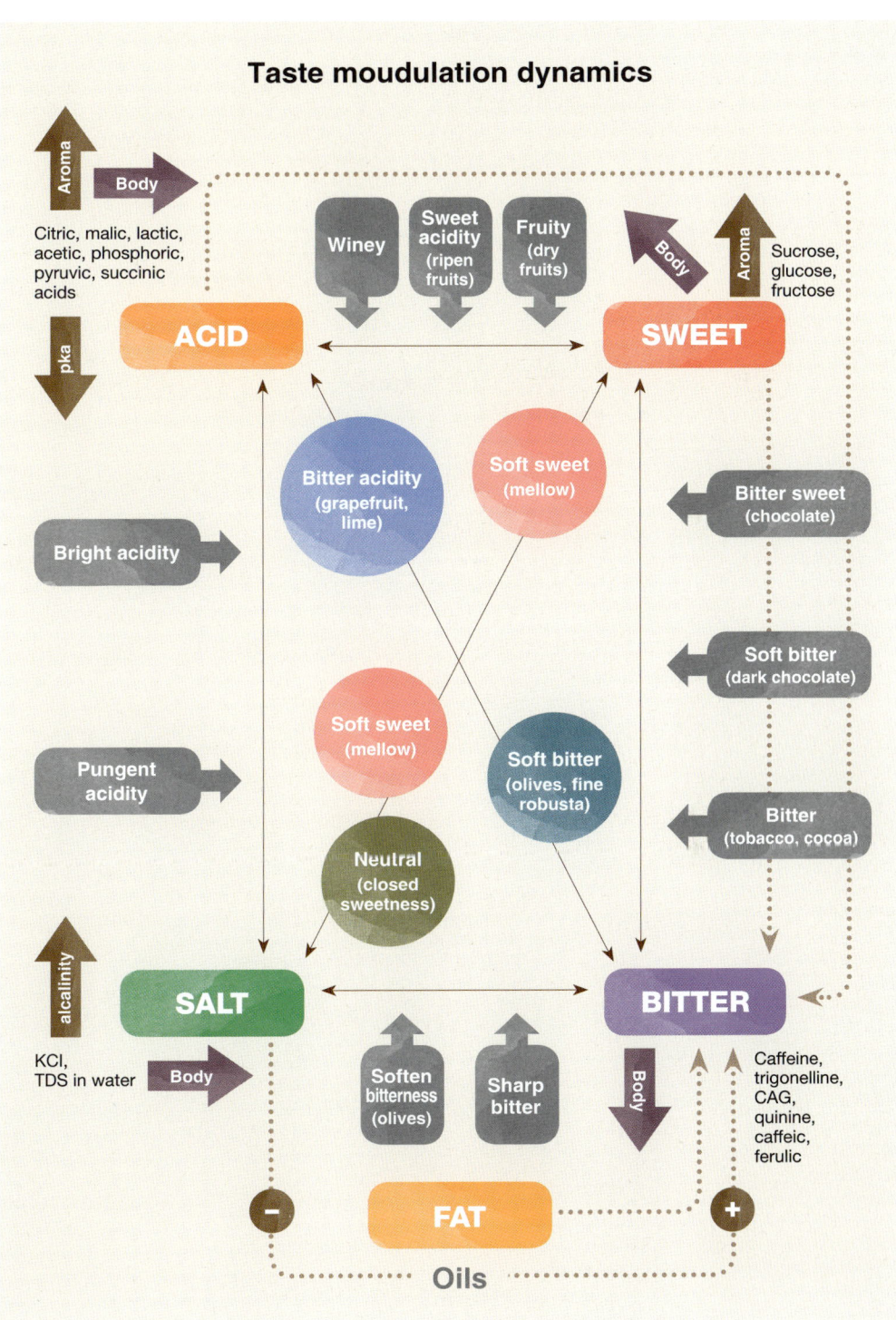

Part 04

COFFEE SENSORY

1. Sensory analysis

2. 유기산(Organic Acid)

3. 맛 표현의 역학

1. Sensory analysis

관능에 대한 분석은 심리학, 생리학, 신경학 등과 같은 다양한 과학 분야의 지식을 활용한다. 커피 관능 분석의 목적은 감각적 속성들(아로마, 맛 그리고 감촉)을 제대로 인지하는 것이다. 커피의 품질을 평가하기 위해서는 다양한 측면의 감각 분석이 필요하다. 먼저 물리적인 분석으로는 판별 평가가 있다. 판별 평가란 냄새, 색, 모양, 크기, 밀도, 수분율, 배아 등을 있는 그대로 인지하는 작업으로 가장 직관적인 기준이다. 다음으로는 관능 평가로 커피의 표준시료와의 차이를 식별하고, 각 속성의 강도 및 품질을 기술적으로 평가하고, 향미를 분석하고 상호작용을 찾아보는 작업이다.

1) 판별평가

(1) 물리적 평가

생두의 물리적 평가요소는 냄새, 색, 크기와 모양, 수분함량(수분활성도), 밀도, 결점, 등급 등이 있다.

2) 관능평가의 각 요소

① 차이식별 : 각 샘플 간의 주요한 차이를 발견하는 작업

② 향미분석 : 정의한 기준에 따라 샘플의 특성을 파악하고 그 강도를 측정하는 작업

③ 기호평가 : 각 시료에 대한 호불호를 평가

관능평가는 감정적이며 효과적인 평가방법이다. 각 커피가 지닌 특징을 구체적으로 묘사하고, 기술적으로 표시가능 한 기준에 부합하여 평가하게 된다. 또한, 각각의 특징의 양과 질적인 특징을 모두 평가하여야 하며 이를 바탕으로 각 커피의 관능적 특성을 완성한다. 세계적으로 가장 많이 사용되는 생두의 관능평가를 위한 잣대로는 SCA에서 고안한 커핑폼(cupping form)을 사용한다. 주요한 평가의 척도는 생산지, 품종, 결점두 등이 있으며, 이를 가공하기 위한 로

스팅과 관련된 다양한 변수를 고려해야 한다. 또한 향과 맛의 상호작용을 통한 최적의 블랜딩을 구축하기 위한 것이 가장 중요한 관능평가의 목적이다.

Grading and sensory analysis

Physical evaluation
- Odor
- Color and appearance
- Moisture content and dryin a quality
- Density
- Grading(defects)
- Mechanical damage
- Embryo viability
- Shape and malformations

Sensory evaluation
- Sensory attributes and cup profiles
- Origins
- Varieties
- Green bean defects
- Roasting issues
- Roast profiling
- Flavor modulation theory
- Blending

2. 유기산 Organic acid

커피에 함유된 다양한 성분 중 우리의 미각인지에 가장 중요한 역할을 하는 것은 유기산이다. 유기산은 커피나무의 생장과 생장환경 그리고 체리의 가공 등 다양한 단계에서 생성되며 발효 단계에서 최종 발현된다. 이때 발현된 산의 종류와 양에 따라 커피의 향미에 커다란 영향을 미친다. 또한, 로스팅 과정에서 자당의 분해를 통해 더욱 두드러지게 발현된다. 커피의 주요 유기산은 클로로겐산, 구연산, 초산, 젖산, 사과산, 인산 등이 존재한다.

1) 클로로겐산 Chlorogenic acid

- 페놀화합물에 속하는 물질 카페익산(Caffeic acid) + 퀸산(Quinic acid)의 결합된 구조

- 커피 전체 중량의 6~12% 차지(가장 많은 양)
- 커피의 쓴맛에 기인, 향미에 영향을 미치는 직접적인 요인 〈연구사례 적음〉
- 약간 쓴맛, 약한 신맛

2) 구연산 Citric

- 커피에서 가장 빈번하게 발견되는 산
- 중국 원산지인 과일인 '구연'에서 유래된 이름
- 서늘한 기후에서 재배된 커피에 더욱 많이 발견
  (구연산 대사: 식물의 호흡, 광합성을 통해 생성)
- 매우 강한 신맛, 향은 없음, 중간 바디
- 구연산 과실(레몬, 오랜지, 자몽, 라임, 만다린 오랜지)의 향미

3) 사과산 Malic acid

- 매우 서늘한 환경에서 활발하게 생성
  (구연산 사이클에서 기인 - 호흡과 광합성 활동에서 생성)
- 중간 정도의 신맛, 향은 없음, 낮은 바디감
- 사과, 복숭아, 살구, 서양배: 밝고 달콤

4) 초산 Acetic acid

- 초산 박테리아가 생성, 가공과정에서 긴 발효 시간에 기인
- 주로 내추럴 가공에서 생성
- 낮은 신맛, 시큼한 향, 낮은 바디

· 과일(과하게 익은 or 말린 포도, 자두, 타마린)/와이니, 식초

5) 젖산 Lactic acid

· 매우 서늘한 환경에서 활발하게 생성
  (구연산 사이클에서 기인 – 호흡과 광합성 활동에서 생성)

· 중간 정도의 신맛, 요쿠르트 향, 낮은 바디감

· 버터, 신선한 치즈, 유장, 부드러운 후미

6) 인산 Phosphoric acid

· 인 성분이 풍부한 토양에서 기인

· 매우 강한 신맛, 향은 없음, 중간 바디

· 중성적 or 미네랄, 청량감에 기인, 밝고 달콤함

7) 브루잉 커피에 함유된 유기산

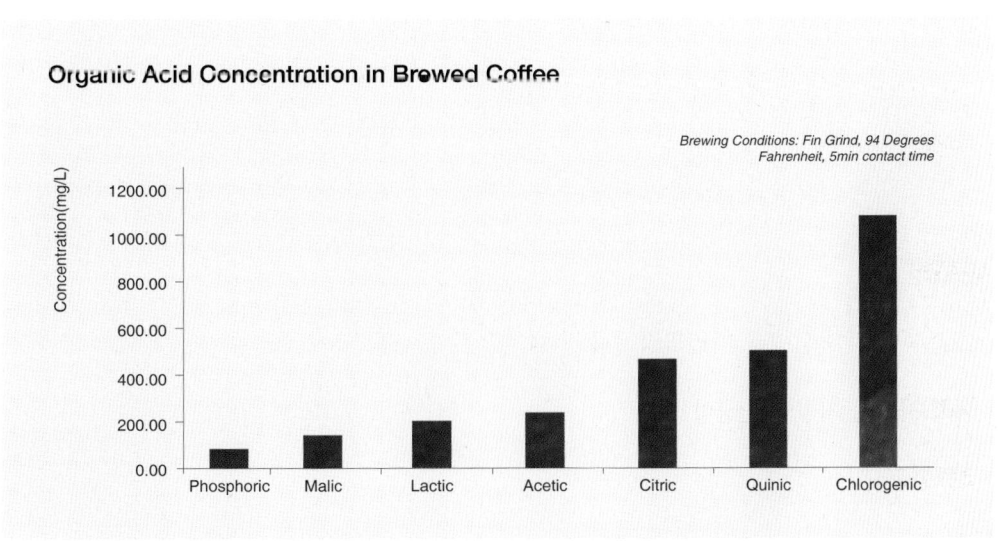

COFFEE QUALITY
PART 2
COFFEE SENSORY

위에 제시된 그래프에 따르면, 브루잉 된 커피에 함유된 유기산의 비율은 클로로젠산, 퀴닉산, 구연산 순이며, 초산, 젖산, 사과산, 인산 순으로 함유되어 있다. 먼저 클로로젠산은 커피나무가 자라면서 병충해와 열 그리고 다양한 스트레스로부터 적응하기 위해 생성한 물질로 로스팅 과정에서 퀴닉산과 카페익산으로 분해된다. 특히 고온에서 로스팅 할 경우 매우 쓴맛으로 발현된다. 클로로젠산은 유기산 중에서 가장 무거운 물질로 커피의 바디감을 높이는 역할을 하기도 한다. 다음으로 퀴닉산은 로스팅 과정에서 클로로젠산의 열분해로 생성되는 물질로 무겁고 쓴맛을 내는 요인이다.

다음으로 구연산은 커피에서 가장 흔하게 나타나는 유기산으로 커피의 광합성 과정에서 생성된다. 주로 서늘한 기후에서 자라난 나무의 느린 호흡, 긴 대사시간에 의해 생성되기 때문에 저지대에서 자란 나무보다는 고지대에서 자라난 경우 더 많은 구연산 함유량을 보인다. 이는 품질 좋은 커피에 주로 함유되어 있으며, 인산 다음으로 강한 맛을 나타낸다.

초산은 가공에서 발효 온도가 높으면 강도가 높아지는데 적절한 양이 함유된 경우 좋은 산미라 인지하지만, 지나치게 많은 경우 식초 같은 맛으로인지되어 커피향미에 부정적 영향을 끼칠 수 있다. 젖산 또한 초산과 마찬가지로 소량이 함유될 경우 좋은 맛으로 인지되지만, 강한 경우 부정적으로 인지된다. 주로 긴 발효에 의해 생성되기 때문에 발효시 시간과 온도에 주의를 기울여야 적정량의 젖산을 기대할 수 있다.

사과산은 일교차가 큰 서늘한 기후에서 주로 생성되며, 커피에 매우 소량 함유되어 있다. 하지만 적은 양으로도 커피의 단맛을 강화하고, 보다 고급스런 산미를 발현시키는 영향을 하기 때문에 사과산이 함유된 커피는 고품질의 향미를 지녔다고 판단 할 수 있다.

마지막으로 인산은 주로 토양에 의해 흡수되기 때문에 커피 가공과정 단계에서 양과 품질이 조절될 수 있다. 주로 산성이 강한 토양에서 발현되는 경우가 많다.

8) 유기산의 무게

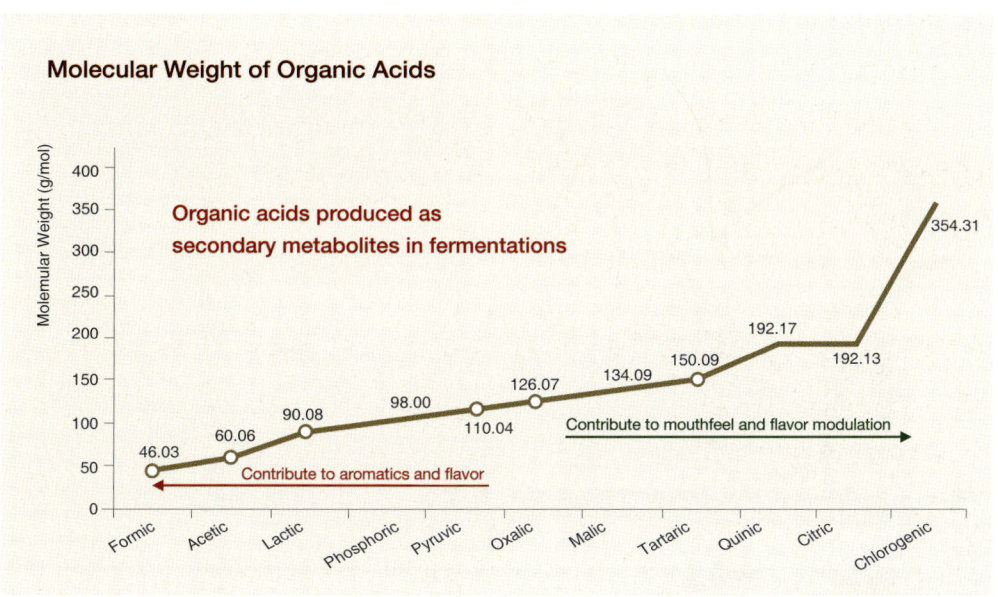

위 그래프에 따르면 향과 맛에 영향을 미치는 유기산은 분자량이 작고 가벼운 산으로 초산, 젖산이 대표적으로 향에 기인하며, 이 보다 다소 무거운 경향을 보이는 인산은 향 보다는 바디감에 영향을 미친다. 또한 사과산은 무게량이 인산보다 무겁기 때문에 휘발성이 약하고 소량으로도 강한 맛을 발현한다. 마지막으로 클로로겐산은 유기산 중 가장 무거운 물질로 식물의 열에 의한 스트레스를 이겨내는 항산화 물질로 여겨지고, 바디감에 영향을 준다.

9) 유기산에 의한 단맛의 변조

유기산은 단맛에 영향을 주어 산미를 형성한다. 가장 큰 영향을 주는 산은 인산으로 단맛을 가장 크게 강화하여 가장 긍정적인 산미를 형성하며, 사과산과 구연산 모두 단맛을 강화시키며 긍정적인 산미로 발현된다. 하지만, 초산의 경우 강도에 따라 긍정과 부정적 요인을 모두 가지고 있기 때문에 그 경향성을 살펴보아야 할 필요가 있다.

반면에 클로로겐산, 퀸산, 프로피온산, 뷰트릭산은 신맛은 강화하지만 단맛을 약화시켜 커피의 산미를 부정적으로 변조하는 역할을 하기 때문에 이러한 산의 함유는 커피의 향미 형성에 부정적 역할을 끼친다.

Sweetness modulation by organic acids

+++	Phosphoric acid		--	Chlorogenic acid
+++	Malic acid		---	Quinic acid
++	Citric acid		----	Propyonic acid
+-	Acetic acid		----	Butyric acid

10) 유기산의 향미 변조

모든 유기산은 각기 다른 특성을 지니고 있다. 그렇기 때문에 각각의 산이 커피 향미에 어떤 영향을 끼치는지에 대해 인지해야한다. 아래 표는 각 산의 인지와 역할을 정리하였다.

Flavor modulation by organic acids

Acid	Sour	Aroma	Body	Flavor modulation	Notes
Citric	High	No	Medium	Citric fruits(lemon, orange, grapefruit, lime, mandarin)	Cold climates; citric acid cycle(breathing process during photosynthesis)
Malic	Med	No	Low	Apple, peach, apricot, pear; brightens up sweetness	Very cold climates, cirtic acid cycle(breathing process during photosynthesis)
Acetic	Low	Yes	No	Fruity(overripe of dry fruits: grapes, prunes, dates, tamarind), winey or vinegar-like	Acetic bacteria, long fementation times; washed and natural
Oxalic	High	No	Low	Sour	
Succinic	High	No	Low	Very sour, slightly astringent and irritant	Internediate in methabolic fermentations
Formic	High	Yes	Low	Pungent odor	Encourage lactic fermentation, lowers temperature
Phosphoric	Very high	No	Medium	Neutral or mineral, refreshing or bubbling sensation, brightens up sweetness	Phosphate rich fertile soils(in which phosphates are available)
Chlorogenic	Low	No	High	Slightly bitter and slightly sour	Depends on variety, oxidative stress and biological pressures
Quinic	Low	No	Medium	Very bitter and slightly dry	Depends on variety and roasting profile

구연산과 사과산은 커피나무의 생장과정에서 생성되고, 과일같은 맛으로 표현된다. 구연산은 시트릭계통의 과일(레몬, 오렌지, 자몽, 라임, 만다린오렌지 등)로 느껴지며, 이는 산의 강도는 높으나 향에 영향을 주지 않고, 바디감도 중간정도이다. 하지만 사과산은 산의 강도는 중간정도 향에 영향이 없고 바디감도 매우 낮은편이지만, 사과나 복숭아, 살구 같은 핵과류 과실향으로 인지된다. 이는 구연산에 비해 단맛이 더욱 강화되는 효과로 커피의 향미에 매우 긍정적 영향을 끼친다고 볼 수 있다.

초산과 젖산은 식물의 생장과정에서도 생성되지만, 가공 중 발효에서 더욱 많이 생성된다. 이 둘은 다른 요소에 영향을 끼치는 역할은 매우 적으나 특유의 향을 지니고 있다.

초산은 과숙성된 과일 혹은 마른 과실의 뉘앙스로 표현되고, 적정량이 함유된 경우 와인 같은 향을 내지만, 그 양이 많을 경우 식초 같은 향으로 발현될 수 있으므로 그 양을 인지하는 것이 매우 중요하다. 젖산은 버터나 요거트 같은 향을 가지고 있어 커피의 향미에 긍정적 요인으로 작용하는 경우가 있지만, 이 역시 그 양이 많을 경우 부정적으로 도드라진다.

옥살산, 석신산, 포름산은 씨앗의 대사로 생성되고, 그 강도가 매우 강하지만, 커피의 향미에 지대한 영향을 주는 것으로 보기엔 어렵다.

인산은 엄밀히 구분하자면, 유기산으로 보기보다는 미네랄 산으로 지칭하는 것이 좋다. 이는 매우 강한 산도를 보이며, 단맛과 결합했을 때 단맛을 더욱 강조시키는 효과 뿐 아니라 커피의 생동감을 부여하는 효과가 눈에 띤다.

클로로겐산은 모든 산중에 분자량이 가장 무거워 바디감에 영향을 미치며, 쓴맛에도 영향을 준다. 클로로겐산의 열분해 결과물인 퀴닉산도 이와 유사한 경향성을 보인다.

3. 맛 표현의 역학

커피의 맛은 그 강도와 상호작용에 의해 각기 다른 특성을 보인다. 아래 제시된 표는 각 맛의 긍정 혹은 부정적 표현에 대해 세밀하게 표현하였다.

Taste expression dynamics

	Negative	Factors	Positive	Factors
Sweet	Neutral-low	Lowland, unripe beans, excess salt, overfermentation, over extraction	Intense	High density bean, full ripeness, good drying
	Closed	Too long fermentation(butyric, propionic acids), aged	Lush, fruity	High density bean, full ripeness, good fermentation(natural)
	Mellow	Lack of acidity, excess salt, too long fermentation; imbibition-germination	Bright	High density, good fermentation, enough salts
Bitter	Too intense	Low sweetness and acidity; species, variety; unripe beans; no or too short fermentation, overfermentation; over extraction	Intense but flavorsome	Good sweetness, acidity, salt and fat, short fermentation
	Harsh	Over fermentation; over extraction	Clean	Good full fermentation
	Flat	Lowland, variety issue, extremely long fermentation or contact with water	Mild	Higher acidity, sweet and fat; very good long fermentation, enough salt

① 단맛

· 부정적인 표현

   a. Neutral-law: 저지대에서 생산된 커피, 미성숙두, 과량의 염분, 과 발효, 과추출로 인해 발생하는 맛

   b. Closed: 지나치게 긴 발효로 인해 발생하는 맛(부티르산, 프로피온산)

   c. Mellow: 부족한 산미, 과량의 염분, 지나치게 긴 발효, 발아로 인해 발생하는 맛

· 긍정적인 표현

   a. Intense: 고밀도의 콩, 완숙, 적당한 건조를 거친 콩에서 느껴지는 맛

   b. Lush, fruity: 고밀도의 콩, 완숙, 적당한 발효(내추럴)를 거친 콩에서 느껴지는 맛

c. bright: 고밀도의 콩, 적당한 발효, 충분한 염분이 생성된 콩에서 느껴지는 맛

② 쓴맛

· **부정적인 표현**

a. Too intense: 부족한 단맛과 신맛, 미성숙두, 지나치게 짧은 발효로 인해 발생하는 맛

b. Harsh: 과 발효, 과 추출된 맛 표현

c. Flat: 저지대에서 생산된 커피, 품종의 문제, 지나치게 긴 발효로 인해 발생하는 맛

· **긍정적인 표현**

a. Intense but flavorsome: 좋은 단맛, 신맛, 염분과 지방, 적절한 발효를 거친 콩에서 느껴지는 맛

b. Clean: 완벽하고 적당한 발효를 거친 콩에서 느껴지는 맛

c. Mild: 높은 산미, 단맛, 지방, 완벽하고 긴 발효, 적당한 염분을 가진 콩에서 느껴지는 맛

Taste expression dynamics

	Negative	Factors	Positive	Factors
Sour	Metallic	Unripe beans, fast aerobic fermentation, contaminations	Fruit-like	Ripe cherries, good complex fermentation, proteins
	Too low	Lowland, unripe beans, no or too short fermentation, aged	Intense	Highland, high density beans, good fermentation
	Pungent	Too long fermentation(high acetic, butyric, propionic, alcohol)	Clean, bright	Good low temperature fermentation, enough salt
	Too intense	Lack of sweetness and body(too light roast, fast extraction) too much contract with water(liziviation)	Juicy	Intense long fermentations, good balance of organic acids and sweetness
Salt	Too intense	Speies, variety, soils, over extraction	Mild	Good nutrition, good soils; good balance with sweetness, acidity, bitter and fat(spice, resinous)
	Flat	Nutrition problem, under extraction	Flavorsome (umami)	
	Harsh	Lack of acidity, sweetness and bitterness	Slightly salty but complex flavors	Rich mineral soils, genetics(coffee species/ varieties);

③ 신맛

- **부정적인 표현**

    a. Metallic: 미성숙두, 너무 빠른 호기성의 발효, 오염된 콩에서 생성되는 맛

    b. Too low: 저지대, 미성숙두, 지나치게 빠르거나 발효가 진행되지 않은 경우, 오래된 콩에서 생성되는 맛

    c. Pungent: 지나치게 긴 발효(과한 산미, 부티르산, 프로피온산, 알콜)로 인해 생성되는 맛

    d. Too intense: 단맛과 바디의 부족(약 배전, 너무 빠른 추출), 물과의 접촉시간이 너무 긴 경우(침출) 발생하는 맛

- **긍정적인 표현**

    a. Fruit-like: 완숙한 체리, 적당하고 복합적인 발효, 좋은 단백질의 생성으로 느껴지는 맛

    b. Intense: 고지대, 고밀도, 적당한 발효를 거친 콩에서 느껴지는 맛

    c. Clean, bright: 적당하고 낮은 온도의 발효, 충분한 염분을 함유한 콩에서 느껴지는 맛

    d. Juicy: 충분하고 긴 발효, 유기산과 당분의 적당한 조화를 가진 콩에서 느껴지는 맛

④ 짠맛

- **부정적인 표현**

    a. Too intense: 품종, 토양적 문제를 가진 콩에서 느껴지는 맛, 과다 추출된 커피에서 느껴지는 맛

    b. Flat: 자양분 문제, 과소 추출된 커피에서 느껴지는 맛

    c. Harsh: 단맛과 산미의 부족으로 인해 생성되는 맛, 쓴맛으로 표현하기도 함

- **긍정적인 표현**

    a. Mild/falvorsome(umami): 적당한 토양과 자양분, 단맛,신맛, 지방의 적당한 조화

    b. Slightly salty but complex flavors: 풍부한 미네랄 토양, 유전적 특징(커피 품종)으로 인해 생성되는 맛

Taste expression dynamics

	Negative	Origin of the problem	Opposite	Comments
Fats	Rough, sandy	High amounts of phenolic compounds and fats	Silky, creamy	Highland, high density coffee
	Rancid	Oxidation of fats, fast drying (broken cell walls)	Clean fats	Proper nutrition, limited mechanical damage and gook drying practices
	Astringent, dry	High amounts of phenolic compounds reacting with saliva's protein	Smooth	Selective picking, good fermentation
Aroma	Stale, rancid	Oxidation of fats	Roast freshness	Proper degasification and packing
	No aromas or too low	Lowand low density coffees; mechanical damage; improper drying (high temperatures)	Intense	Selecive picking, good fermentation, slow low temperature drying
	Woody, dry hey	Degradation of organic matter	Complex	Cold climate, slow growth and ripening, genetics, high sugar concentration, good processing
	Foreign aromas	Fats abosorb non-coffee aromas and flavors	Typical of a regional profile	Genetics, microclimatic conditions, consistent processing

⑤ **지방**

· **부정적인 표현**

a. Rough, sandy: 과도한 페놀릭 성분과 부족한 지방으로 인해 느껴지는 맛

b. Rancid: 지방의 산화, 지나치게 빠른 발효(세포벽의 파괴)로 인해 느껴지는 맛

c. Astringent/dry: 침 단백질에 반응하는 고량의 페놀 회합물로 인해 느껴지는 맛

· **긍정적인 표현**

a. Silky, creamy: 고지대, 고밀도의 커피, 다량의 완숙두 콩에서 생성되는 맛

b. Clean fats: 적절한 영양, 적은 기계적 손상, 적절한 건조를 거친 콩에서 생성되는 맛

c. Smooth: 선별수확, 적절한 발효를 거친 콩에서 생성되는 맛

⑥ Aroma

· 부정적인 표현

a. Stale/rancid: 지방의 산화로 인해 느껴지는 맛

b. No aromas or too low: 저지대, 저밀도의 커피, 기계적인 손상, 적절하지 못한 건조(높은 온도)

c. Woody, dry hey: 유기물의 분해로 인해 생성되는 맛

d. Foreign aromas: 지방이 커피가 아닌 이취를 흡수한 경우

· 긍정적인 표현

a. Roast freshness: 적절한 가스 분출과 포장이 잘 된 커피에서 나는 맛

b. Intense: 선별수확, 적절한 발효, 낮은 온도의 오랜 건조를 거친 커피에서 나는 맛

c. Complex: 차가운 기후, 느린 발육과 완숙, 유전자, 적절한 건조, 고함량의 당분을 가진 커피에서 나는 맛

d. Typical of a regional profile: 유전자, 미세기후, 지속적인 가공을 거친 커피에서 나는 맛

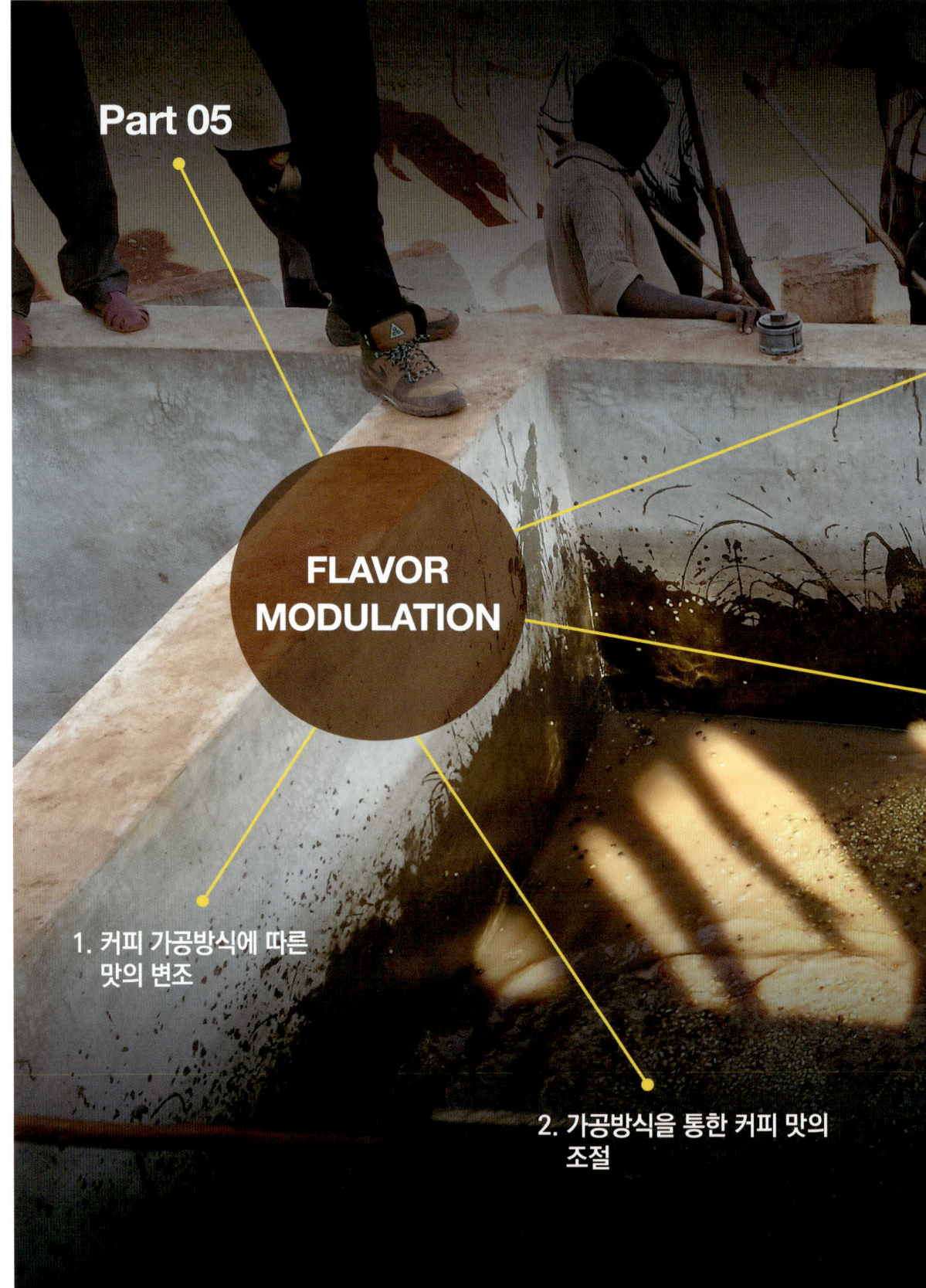

Part 05

FLAVOR MODULATION

1. 커피 가공방식에 따른 맛의 변조
2. 가공방식을 통한 커피 맛의 조절

3. 커피의 가공에 따른 아로마와 플레이버 패턴

4. 쓴맛은 커피의 플레이버 프로필을 이해하는 열쇠

COFFEE QUALITY
PART 2
FLAVOR MODULATION

맛의 변조(Favor modulation)에 대한 이론은 수십 년 전 부터 생겨났지만, 이것이 커피 연구에 적용된 것은 그리 오래되지 않았다. 식품의 품질 향상에 대한 욕구는 고품질의 상품 생산에 대한 욕구로 이어졌고 단백질, 지방 등 식품 속 화학 성분에 대한 연구와 마이야르 반응, 단백질 활용, 쓴맛 제거에 대한 연구가 진행되었다.

맛의 변조는 미각 기관을 속이는 행위 즉, 혼란과 혼동을 주어 좋지 않은 맛을 가려주거나 다른 맛을 합도하는 것으로서, 제약 산업에 있어서는 아주 혁신적인 분야가 되었다. 의약품이 가진 쓴 맛에 딸기향 등의 긍정적인 맛이 나는 요소들을 첨가해서 어린이들을 위한 상품들이 개발되었고, 비타민과 식품 보조제 등의 건강 기능 식품 분야에서도 새로운 상품들이 개발되고 출시되는 효과를 가져왔다. 커피 시장에서도 품질이 떨어지는 커피에 우유나 설탕을 첨가하여 부정적인 맛을 가려주는 상품들이 출시되었다.

1. 커피 가공방식에 따른 맛의 변조

Flavor modulation by processing methods

Processing methods	Flavor profile	Aroma profile	Sweet	Acidity	Mouthfeel
Semi-washed	Chocolaty, citrus	Medium-low, citrus, woody, nutty	Medium, caramel	Medium, citric	High, slightly dry
Washed	Citrus fruits, stone fruits, nutty, mild	Medium citrus fruits, nutty, molasses	Medium, caramel, honey	High, bright, citric, malic (exosmosis)	Mild, clean, smooth
Honey (red)	Berries, molasses, slight fruity, juicy acidity	Intense, berries, molasses, slightly fruity	Medium high, sugarmolasses	Medium, juicy, citric, acetic	Medium body, smooth
Natural	Very fruity, complex aromas, juicy acidity	Intense, very fruity, complex	High, sugar molasses, dry fruits (fructose)	Med-low, juicy, acetic, lactic, oxalic, complex	Medium high body, creamy
Wet-Hulled	Spicy, complex aromas, very sweet	Low, spicy, complex	Medium high	Medium low, complex	Medium high
Aged	Woody	Low, woody	Medium low	Low	Smooth

2. 가공방식을 통한 커피 맛의 조절

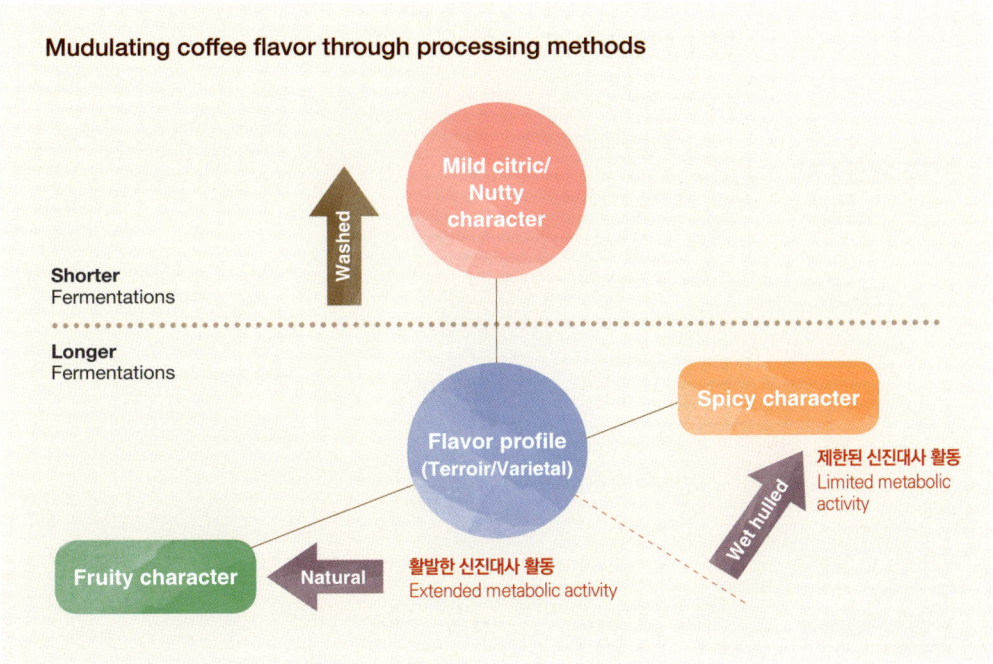

1) 커피 가공과정에서의 생화학적 변화

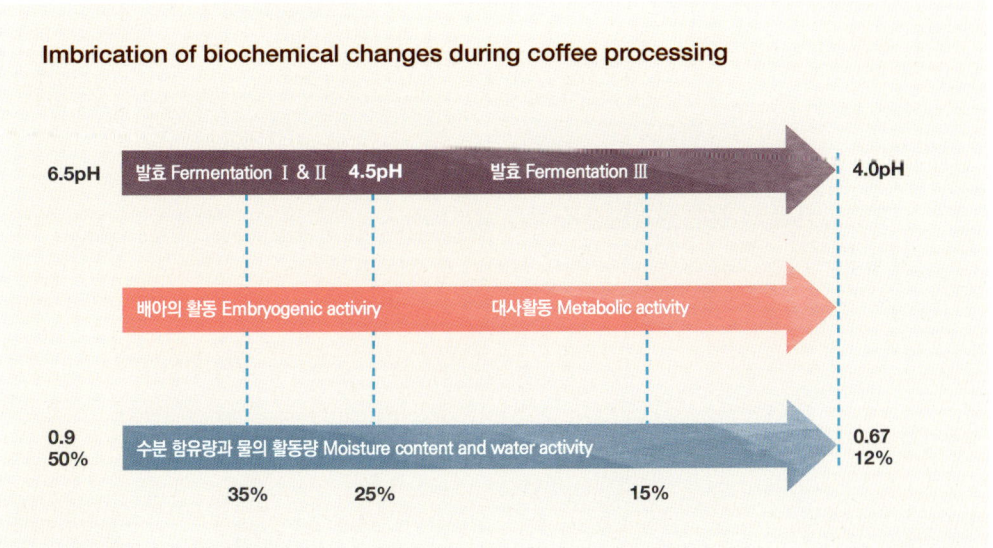

- 커피의 발효가 진행되는 동안 수소 이온 농도는 평균 6.5pH에서 4.0pH로 떨어진다
- 그 과정에서 배형성 활동과 대사활동도 활발히 진행되며
- 수분함유량과 물의 활동량에도 50%로 시작되어 가공이 막바지 단계에서는 12%로 떨어진다.

2) Fruity character

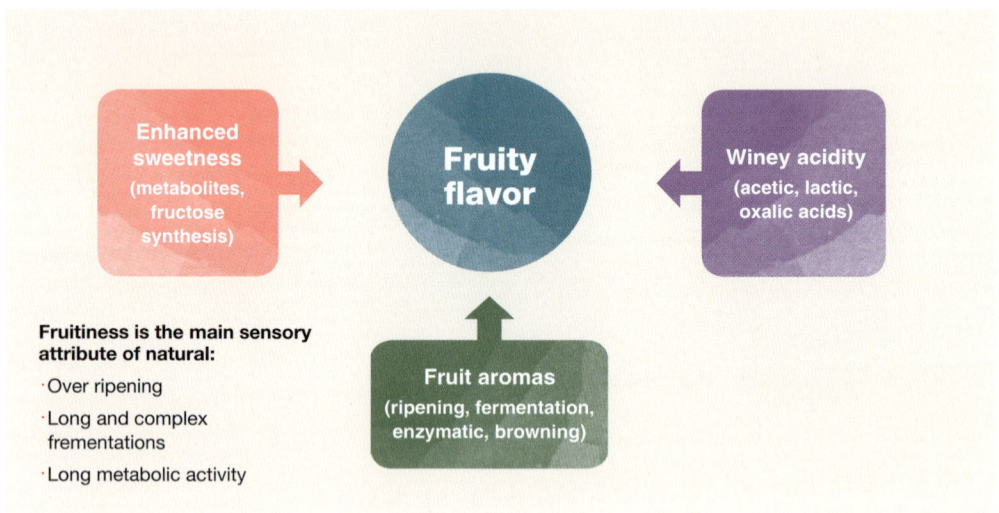

- 과일 같은 맛은 내추럴 커피의 주요 감각 특성이다.
  - 이는 과성숙, 길고 복합적인 발효 그리고 장시간의 신진대사 활동에서 온다.

- 과일 같은 향미
  - 대사산물(Metabolite)과 합성과당(fructose synthesis)는 단맛을 강화시킨다.
  - 숙성과 발효, 효소의 갈변은 과일같은 향을 형성한다.
  - 초산, 젖산 그리고 옥살산[7]은 와인 같은 산미를 형성한다.

---

7 옥살산(oxalic acids)

3) Mild character: citric/nutty flavor profile

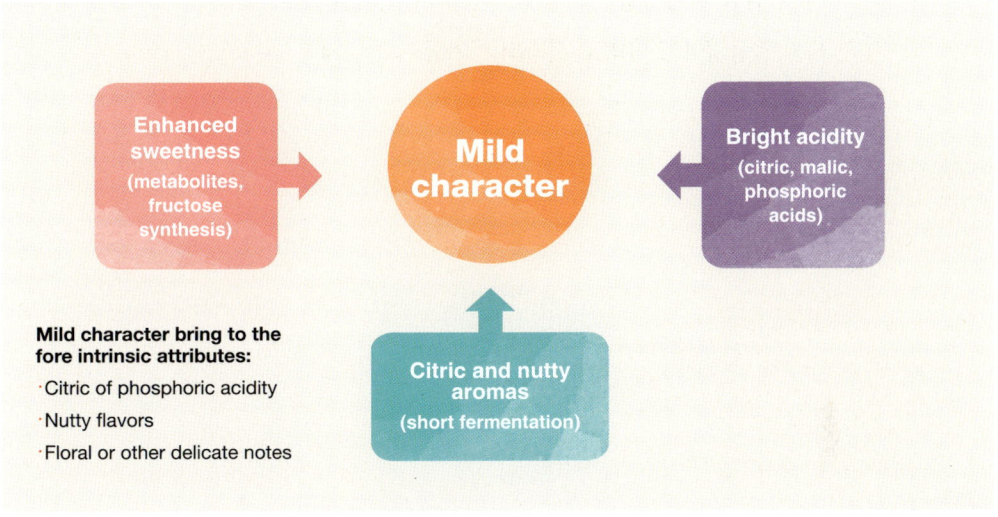

- 마일드한 특성은 커피의 본질적인 속성에서 온다.
    - 구연산, 인산
    - 견과류 같은 맛
    - 꽃향기 또는 기타 섬세한 향미
- 마일드한 캐릭터는
    - 외침투(exomosis)를 통한 쓴맛의 조절로 단맛이 강화된다.
    - 감귤류와 견과류의 향은 짧은 발효에서 온다.
    - 밝은 산미는 구연산, 사과산, 인산으로부터 온다.

4) Spicy Character

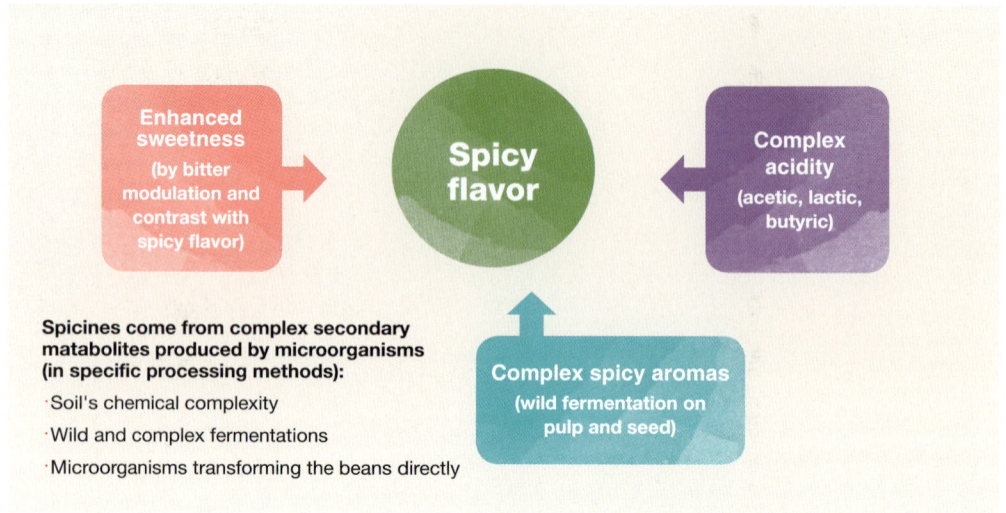

- 향신료와 같은 느낌은 미생물에 의해 생성된 복합 2차 대사물에서 발생하며, 이는 특정 가공 과정에서 생성이 된다.
    - 토양의 화학적 복합성
    - 복합적이고 광범위한 발효
    - 생두에 직접적으로 적용되는 미생물
- Spicy한 맛은
    - 쓴맛에 대한 변조와 향신료와 같은 맛의 대조를 통해 단맛을 강화시킨다.
    - 과육과 씨앗에 적용되는 광범위하고 거친(wild) 발효가 복합적인 아로마를 생성한다.
    - 초산, 젖산, 뷰릭산은 복합적인 산미를 형성한다.

3. 커피의 가공에 따른 아로마와 플레이버 패턴

워시드와 내추럴의 아로마와 플레이버 패턴 양상을 열거해 보면 다음과 같다. 그중 두 프로세싱에서 겹치는 플레이버 프로필이 있는데, 감귤류의 과일과 핵과 그리고 베리류가 이에 해당된다. 세 카테고리에 속하는 맛은 워시드, 내추럴 가공을 거친 커피에서 공통적으로 느낄 수 있는 플레이버에 해당된다.

다음으로 내추럴 커피의 플레이버 프로필에 해당되는 부류들이다. 열대과일류, 건과일, 와인 같은 맛, 향신료, 치즈와 같은 느낌 마지막으로 워시드보다 내추럴에서 더 자주 발견되는 부정적인 맛의 부류가 이에 해당된다. 부패된 것 같은 느낌과 페놀 그리고 묵은 느낌이 부정적인 맛(off flavor)를 표현하는 맛의 프로필이다.

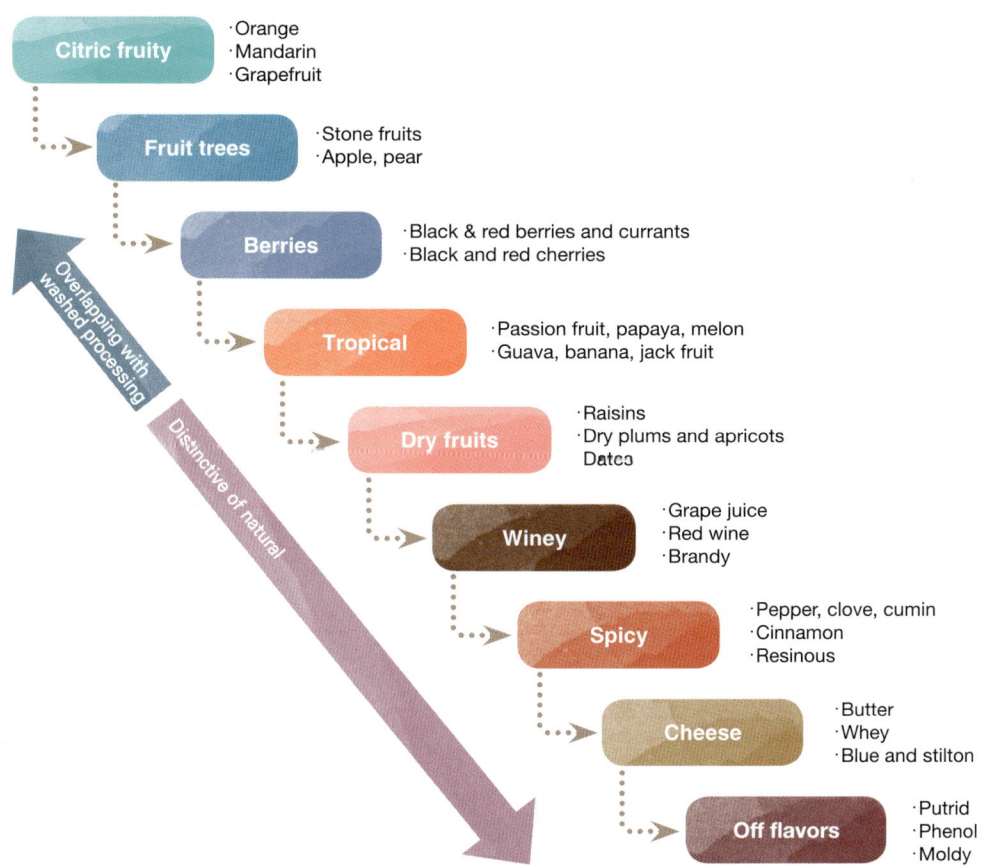

COFFEE QUALITY
PART 2
FLAVOR MODULATION

4. 쓴맛은 커피의 플레이버 프로필을 이해하는 열쇠

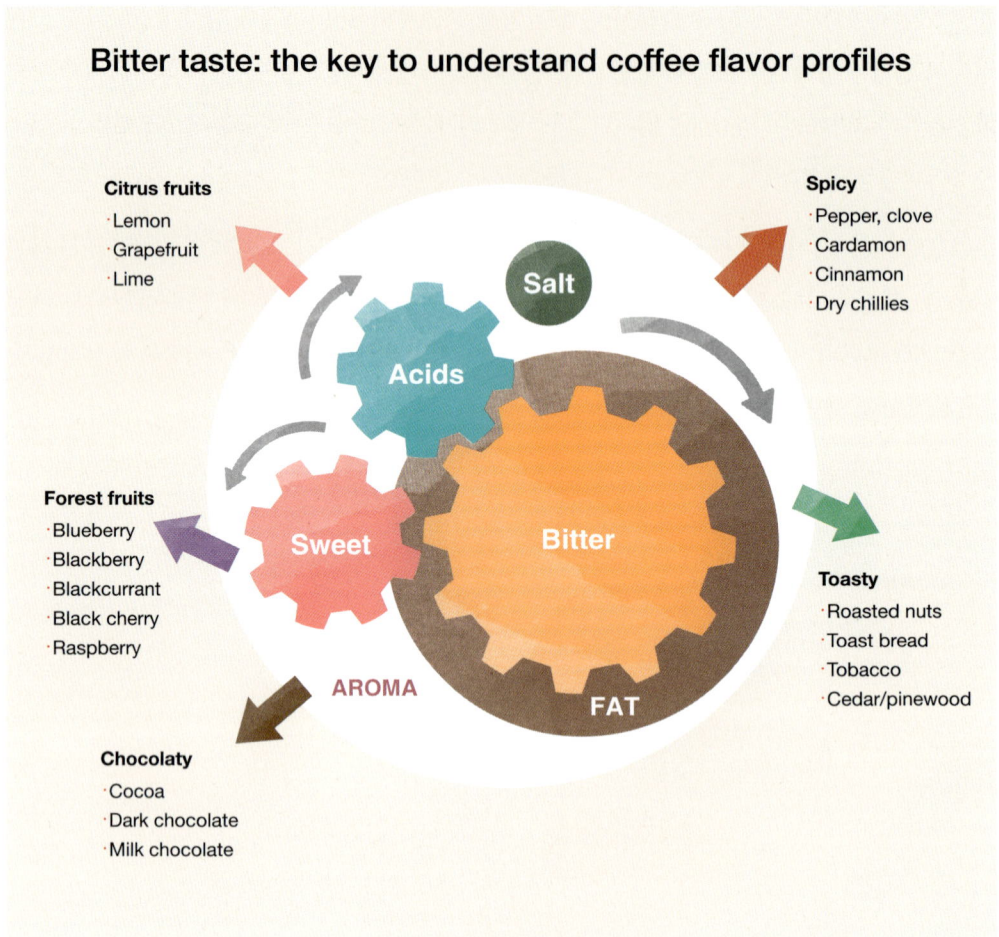

쓴 맛은 모든 커피에 존재하는 것으로서 카페인, 트리고넬린, 단백질에 의해 발현된다. 그리고 생두 속에 포함된 클로로겐산도 쓴 맛에 영향을 미친다. 클로로겐산은 매우 강력한 항산화, 항생물질로서 이것이 가진 쓴맛은 씨앗의 보호와도 관계가 있다. 쓴맛은 품종과 성숙도에 따라서도 달라진다. 로부스타가 아라비카보다 쓴 맛을 많이 함유하고 있으며, 아라비카 품종 중에서도 로부스타와 접종을 하여 만들어진 변이 품종인 카티모르의 경우 35% 정도 로부스타의 형질이 남아있어 다른 아라비카 품종보다 쓴 맛이 많이 난다. 일반적으로 커피의 품질이 높아질수록 쓴맛이 줄어드는 것으로 알려져 있는데, 고품질의 커피에도 쓴맛은 존재하지만 더 높은

단맛과 신맛을 가진 성분들에 의해 쓴맛이 가려지는 것이다.[8] 따라서 단맛과 신맛이 쓴 맛을 어떻게 변조시켰는지에 커피 품질을 평가하는데 핵심이 되는 것이다.

예를 들어 우간다의 고품질 로부스타는 쓴 맛이 있지만 신맛도 있어서 기분 좋은 올리브 같은 맛이 나며 르완다와 인도네시아 플로레스의 로부스타 역시 쓴맛은 적으면서 높은 산미를 가지고 있어 자몽, 라임과 같은 맛이 나는 것이다. 로부스타는 아라비카에 비해 상대적으로 높은 지방 함유율을 가지고 있어 쓴 맛을 긍정적으로 변화시킬 수 있는 능력이 있기 때문이다.

- 신맛과 짠맛은 동전의 양면과도 같다. 적당한 함유량은 커피에 기분 좋은 맛을 주지만, 지나치게 많으면 떫거나 좋지 못한 맛을 준다. 단맛과 쓴맛도 같은 맥락이다.
- 맛의 변조(Taste Modulation)는 신맛과 단맛 그리고 쓴맛과 짠맛 간의 균형잡힌 조화를 이루는 것이 그 핵심이다.

---

8 일반적으로 이럴 경우 다크초코렛과 같은 맛이 난다.

커피와 사람들

COFFEE QUALITY
PART 2

Flavor Modulation